Hans-Arved Willberg

Lehrbuch
Kognitive Seelsorge I
Begründung, Einführung und Praxis

Lehrbücher aus dem
Institut für Seelsorgeausbildung (ISA)

Band 6

Lehrbücher aus dem Institut für Seelsorgeausbildung (ISA)
Band 6

Bibliografische Information der Deutschen Nationalbibliothek: Die Deutsche Nationalbibliothek verzeichnet diese Publikation in der Deutschen Nationalbibliografie; detaillierte bibliografische Daten sind im Internet über dnb.d-nb.de abrufbar.

ISBN: 978-3-7347-8845-1

Bibelzitate aus Lutherübersetzung, rev. Text 1984,
© Deutsche Bibelgesellschaft Stuttgart 1999

© 2015 Institut für Seelsorgeausbildung (ISA),
Pforzheimer Str. 186, 76275 Ettlingen.
info@isa-institut.de
www.isa-institut.de

Herstellung und Verlag: Books on Demand GmbH, Norderstedt.

Zum Gebrauch

Dieses Lehrbuch ist die verbindliche theoretische Lerngrundlage für den Zentralkurs I „Kognitive Seelsorge" am Institut für Seelsorgeausbildung (ISA). Damit eignet es sich auch bestens als Einführung in dieses wichtige Teilgebiet der Seelsorge für Personen, die nicht an der ISA-Ausbildung teilnehmen, wie auch in die Methodik der Rational Emotiven Verhaltenstherapie (REVT) nach Albert Ellis, weil Kognitive Seelsorge, wie sie hier beschrieben wird, nichts anderes ist als REVT im Kontext Seelsorge und im Bezug zu spezifisch seelsorgerlichen Themen. Die Ausbildung in Kognitiver Seelsorge ist unser Alleinstellungsmerkmal. Es gibt eine Reihe guter Seelsorgeausbildungen in Mitteleuropa auf dem Niveau von ISA, aber nirgendwo sonst bildet die Kognitive Seelsorge, die in den USA schon seit Jahrzehnten zum Standard der gelehrten und praktizierten Seelsorge gehört, das Zentrum der Ausbildung, nirgendwo wird sie so intensiv gelehrt wie bei uns.

Wenn Sie das Buch motiviert, sich bei uns in Kognitiver Seelsorge ausbilden zu lassen, sind Sie eingeladen, auf ganz unkomplizierte Weise vom Leser zum Teilnehmer zu werden: Sie melden sich formlos, aber verbindlich, bei uns an, bearbeiten die (klar als solche markierten) Hausaufgaben im Text wie unten beschrieben und stellen sich darauf ein, im Lauf der Zeit einige praktische Übungen mit der ABC-Methode durchzuführen, die Sie im Folgenden gründlich kennenlernen, und an den obligatorischen drei Präsenzblöcken teilzunehmen. Dort wird vor allem viel geübt und Ihre Trainingserfahrungen werden supervisorisch besprochen. Außerdem wird sich an die Lektüre dieses Bandes noch einiges an weiterer Pflichtliteratur anschießen. Zum Schluss gibt es eine Prüfung und danach haben Sie die Möglichkeit, mit dem ähnlich strukturierten Zentralkurs II fortzufahren, der denselben Umfang hat. Mit beiden Zentralkursen zusammen sind sie dann, falls Sie dieses Ziel intendieren, auch sehr gut für die Prüfung zum Heilpraktiker für Psychotherapie vorbereitet. Ein großer Teil der Ausbildung erfolgt im Eigenstudium. Die Zeit dafür können Sie sich einteilen, wie Sie wollen. Alle Informationen zur Ausbildung, darunter auch die Termine der Präsenzblöcke, finden Sie auf unserer Website www.isa-institut.de.

Teilnehmer am Zentralkurs I müssen dieHausaufgaben als E-Mail-Anhang im WORD-Format der Kursleitung zuschicken. Bezeichnen Sie dabei genau, um welches Kapitel und welche Aufgabe es sich jeweils handelt. Wann Sie die Aufgaben erledigen und einschicken, bleibt Ihnen überlassen. Die Kursleitung bearbeitet und korrigiert die Aufgaben und meldet das Ergebnis zurück.

Alle Fragen der Abschlussprüfung in Präsenzseminarblock III beziehen sich auf den Text dieses Lehrbuchs. Dafür empfiehlt es sich, dass Sie die Aussagen für sich selbst noch einmal zusammenfassen, sich einprägen und vor der Prüfung wiederholen.

Die vielen eingefügten Literaturverweise dienen der Vertiefung. Diese Fährten können Sie je nach persönlichem Interesse weiterverfolgen. Teilweise stellen die Verweise auch den Bezug zu Titeln aus der Pflichtliteratur des Kursprogramms her.

1. Was ist kognitive Seelsorge?
Einführung und biblische Begründung

1.1. Definition und Geschichte

Zitate

> „Nicht die Dinge selbst beunruhigen die Menschen,
> sondern ihre Meinungen und Urteile über die Dinge."
>
> *Epiktet*
> *Stoischer Philosoph*
> *50-138*

> „Wenn jemand Schaden erleidet oder verletzt wird,
> erleidet er ihn immer durch sich selbst und nicht durch andere,
> auch wenn noch so viele ihn verletzen und ungerecht behandeln.
> Denn wenn einer es nicht durch sich selbst erleidet,
> werden alle Bewohner der Erde es nicht fertig bringen, den zu verletzen,
> der im Herrn wachsam und nüchtern ist."
>
> *Johannes Chrysostomos*
> *Erzbischof von Konstantinopel*
> *349-407*

> „Nicht die Bedrängnisse sind es,
> die uns quälen, sondern die Mühe quält uns,
> die wir uns um sie machen."
>
> *Eduard Thurneysen*
> *Theologieprofessor, Seelsorgelehrer*
> *1888-1974*

Definition

● **Kognitive Seelsorge ist Kognitive Therapie im Kontext „Seelsorge".**

„Kognitive Therapie" ist die zusammenfassende Bezeichnung für verschiedene Formen der Psychotherapie, die in der zweiten Hälfte des 20. Jahrhunderts entstanden. Ihnen allen ist gemeinsam, dass sie den Schwerpunkt der Behandlung problematischer Gefühlsreaktionen und Verhaltensweisen auf die *Veränderung des Denkens* legen. Das Zitat von Epiktet kann man als den Grundsatz bezeichnen, aus dem diese Therapien abgeleitet sind.

Geschichte

Das Zitat von Johannes Chrysostomos belegt, dass dieser Grundsatz bereits in der Seelsorge der frühen Kirche wiederzufinden ist. Tatsächlich ähnelte die damalige Seelsorgelehre in vieler Hinsicht den Konzepten der heutigen Kognitiven Therapie.

Die spätere kirchliche Seelsorge baute aber meist nicht mehr auf solche Grundsätze. Sie legte vor allem Wert auf Bekenntnis und Vergebung der Sünden einer-

seits wie den Gehorsam der verordneten kirchlichen Ethik gegenüber andererseits. Das setzte sich bis ins 20. Jahrhundert fort. Mit dem Aufkommen der Psychoanalyse gewann dann auch diese einen starken Einfluss auf die Seelsorge.

Als sich um die Jahrhundertmitte in Abgrenzung zur Psychoanalyse die sogenannten „Humanistischen Psychotherapien" herausbildeten, stellte sich der Seelsorge wie zuvor schon im Blick auf die Psychoanalyse die Aufgabe, auch hierzu ihr Verhältnis zu bestimmen. Daraus entstanden auch Modelle der Integration von Seelsorge und Kognitiver Therapie. Zusammenfassend kann man sie als *Kognitive Seelsorge* bezeichnen.

Kognitive Seelsorge

Im anglophonen Raum, besonders in den USA, hat sich im Lauf der letzten 50 Jahre die Kognitive Seelsorge gut etabliert. Mittlerweile gibt es dort umgekehrt auch eine große Offenheit säkularer Psychotherapeuten für die Anwendung der Kognitiven Therapien für religiöse Patienten. In Europa findet beides bisher nur in Ansätzen statt.

→ *Literaturverweise*

Literatur

Zu Epiktet

Epiktet, *Handbüchlein der Moral*, Griechisch/Deutsch, übersetzt u. hg. v. K. Steinmann (Philipp Reclam jun.: Stuttgart, 2004)

Zur Kognitiven Seelsorge in der frühen Kirche

Grün, Anselm, *Der Himmel beginnt in dir: Das Wissen der Wüstenväter für heute* (Herder: Freiburg, Basel, Wien, 2008)
Grün, Anselm, *Einreden: Der Umgang mit den Gedanken*, Münsterschwarzacher Kleinschriften, Bd. 19, 16., überarb. u. akt. Aufl. (Vier Türme: Münsterschwarzach, 2003)
Grün, Anselm, *Tu dir doch nicht selber weh*, 2. Aufl. (Matthias Grünewald: Mainz, 1997)

Zur Aufnahme der Kognitiven Therapie in die christliche Seelsorge

Backus, William, Chapian, Marie, *Befreiende Wahrheit: Lösen Sie sich von Lebenslügen und finden Sie zu innerer Freiheit* (Projektion J: Asslar, 1983)
Cloud, Henry, Townsend, John, *Fromme Lügen, die wir glauben*, aus d. Amerik. übers. v. E. Weyandt (Klaus Gerth. Asslar, 1998)
Collins, Gary R., *Handbuch der biblischen Seelsorge* (Francke: Marburg a.d.L., 1996)
Crabb, Lawrence J., *Die Last des andern: Biblische Seelsorge als Aufgabe der Gemeinde*, 3. Aufl., Übersetzung B. Trebing (Brunnen: Basel, 1992)
Horie, Michiaki, *Wenn Gedanken Mächte werden...: Die Krise als Chance nutzen* (R.Brockhaus: Wuppertal, Zürich, 1989)
Hauck, Paul A., *Reason in Pastoral Counseling* (The Westminster Press: Philadelphia, 1972)
Litchfield, Bruce, Litchfield, Nellie, *Christian Counselling and Family Therapy*, Bd. 3: *Basic Counselling Skills, A General Model of Counselling, Cognitive Behaviour Therapy*, 2. rev. Aufl. (Litchfield Family Services: Canberra, 2008)
McMinn, Mark R., *Cognitive Therapy Techniques in Christian Counseling*, Resources for Christian Counseling, Hg. G.R. Collins, Bd. 27 (World Publishing: Dallas, London, Vancouver, Melbourne, 1991)
Powell, John, S.J., *Fully Human, Fully Alive: A New Life through New Vision* (Tabor: Allen, 1976)
Schmidt, Jerry, *Do you hear what you're thinking?* 2. Aufl. (Victor Books: Wheaton, 1983)
Stoop, David, *Rethink how you think: how to create lasting change today* (Revell: Grand Rapids, 2014)
Stoop, David, *Self-Talk: Key to Personal Growth* (Revell: Old Tappan, 1982)

Stoop, David, *You Are What You Think*, 11. Aufl. (Revell: Grand Rapids, 2007)

Thurman, Chris, *Lügen, die wir glauben: Der Grund Nr. 1 für unser Unglücklichsein,* aus d. Amerik. v. C. Rendel, 10. Aufl. (Schulte & Gerth: Asslar, 1999)

Willberg, Hans-Arved, *Das ABC der positiven Lebenseinstellung: Endlich Schluss mit finsteren Gedanken!* (R. Brockhaus: Witten, 2007) Lebenshilfen aus dem Institut für Seelsorgeausbildung (ISA), Bd. 1, Neuausgabe der 1. Aufl. bei SCM R.Brockhaus, 2007 (Books on Demand: Norderstedt, 2010)

Wright, Norman, *Self-talk, Imagery, and Prayer in Counseling,* Ressources for Christian Counseling, Hg. G.R. Collins, Bd. 3 (Word Books: Waco, 1986)

Zur kirchlichen Seelsorge vor 1950

Thurneysen, Eduard, *Die Lehre von der Seelsorge,* (Evangelischer Verlag: Zollikon-Zürich, 1946)

Zur kirchlichen Seelsorge nach 1950

Clinebell, Howard, *Modelle beratender Seelsorge,* mit einem Nachwort von H. Harsch, aus d. Amerik. v. C. Hilbig u. W. Pisarski, 5., erweiterte Aufl. (Christian Kaiser: München, 1985)

Sons, Rolf, *Seelsorge zwischen Bibel und Psychotherapie: Die Entwicklung der evangelischen Seelsorge in der Gegenwart,* Calwer Theologische Monographien, Hg. J. Baur et al., Bd. 24 (Calwer: Stuttgart, 1995)

1.2. Biblische Begründung

Sehr viele Bibelstellen

Die Macht der Gedanken spielt in der Bibel eine sehr große Rolle und das Thema nimmt sehr viel Raum in ihr ein, so viel, dass ein falscher Eindruck entstehen kann, wenn man nur einzelne Bibelstellen zur Begründung der Kognitiven Seelsorge herausgreift. Man könnte hunderte nennen.

Dennoch gibt es ein paar herausragende Textstellen, die mit besonderer Deutlichkeit davon reden und die zum großen Teil auch immer wieder in der Literatur herangezogen werden. Wenn Sie sich diese Aussagen vergegenwärtigen und Querverbindungen zwischen ihnen herstellen, verfügen Sie über ein gutes Fundament zur biblischen Begründung der Kognitiven Seelsorge. Man könnte sie vielleicht die Kernausssagen zu diesem Thema in der Bibel nennen.

Kernaussagen

1.2.1. Kernaussagen im Alten Testament

Genesis 3
Der Sündenfall

Mussforderungen

Sein zu müssen wie Gott und zu wissen, was gut und böse ist: Das ist die Urlüge, die sich in das menschliche Bewusstsein eingeschlichen hat. Aus dieser Lüge stammen alle absolutistischen, diktatorischen, gnadenlosen und unrealistischen Schwarz-weiß-Forderungen an uns selbst, die andern und das Leben, aus denen wiederum alle wirkliche Not hervorgeht, die wir uns selbst und unserer Umwelt machen. In der Kognitiven Therapie und Seelsorge sagen wir *Mussforderungen* dazu.

Genesis 4
Kain und Abel

Gott sagt zu Kain, als dieser sehr wütend ist: „Die Sünde lauert vor deiner Tür und hat Verlangen nach dir, du aber herrsche über sie!" Gott erwartet von Kain eine verantwortungsbewusste Entscheidung, wie er mit seinem starken Gefühl umgehen möchte. Das Gefühl ist nicht die Sünde, sondern der Drang, sich von dem Gefühl beherrschen und zu destruktivem Verhalten hinreißen zu lassen. Entsprechend heißt es im Epheserbrief: „Zürnt ihr, so sündigt nicht." In der Kognitiven Therapie und Seelsorge nennt man das *Emotionskontrolle*: Ich schaue mir an, was in mir vorgeht, mache mir konstruktive Gedanken darüber und entscheide mich bewusst gegen den Impuls zur Destruktivität.

Emotionskontrolle

Dem biblischen Befund nach ist dem Menschen diese Fähigkeit offenbar nicht durch den Sündenfall verlorengegangen. Sonst könnte man auch nicht mehr von Verantwortung sprechen. Der Mensch kann sich teuflisch verhalten, aber er *ist* kein Teufel. Er kann sich auch gegen seine Neigung zum Bösen entscheiden. Er kann dem Bösen widerstehen.

Numeri 13,17-14,10
Die Bewertungen der Kundschafter

Diese Geschichte ist ein Beispiel dafür, wie sehr Ängste die Wahrnehmung verzerren. Das führt dazu, dass wir realistische Ziele nicht erreichen, weil wir dem Irrglauben auf den Leim gehen, es sei uns nicht möglich. Gottes Geist fordert uns heraus, nicht vor der Angst zu kapitulieren, sondern mutig zu sein. Mut ist die realistische Einschätzung einer schwierigen Situation und ein entschlossenes, nüchternes Verhalten im Umgang damit, auch wenn die Angst massiv widerspricht.

Ermutigung

Gottes gute Ziele für unser Leben erreichen wir nur auf diese Weise.

1. Samuel 17
David und Goliath

Goliath ist eine Symbolfigur für die lähmende Macht einschüchternder destruktiver Gedanken. Wir beugen uns vor ihnen, weil sie mit großer Überzeugungskraft auftreten. Das ist typisch für die *irrational Beliefs*, wie man sie in der Kognitiven Therpie nennt; man kann auch *irreführende Bewertungen* dazu sagen. Wir kürzen sie ab mit „iB". Das sind die Lügen, die wir glauben.

Irrational Beliefs

David ist nicht leichtsinnig. Er weiß, dass dieser Goliath gar nicht so stark ist, wie er tut. David glaubt daran, dass es eine Lösung gibt, ihn zu überwinden. Weil er daran glaubt, findet er sie auch.

1. Könige 19
Isebels Bluff

Als Elia eigentlich der Sieg schon nicht mehr zu nehmen ist, gelingt es der durchtriebenen Isebel, ihn so zu beeindrucken, dass er in panischer Flucht davonläuft. Danach verfällt er in schwere Depression.

Elia steht anscheinend sehr unter Stress, als Isebel ihn blufft. Wir sind in solchen Situationen besonders anfällig für unsere „iB's". Stress in Verbindung mit irrigen Bewertungen ist der Hauptverursacher seelischer Störungen. Irrationale Bewertungsmuster tragen wir alle in uns, aber zur anhaltenden Störung werden

Stressprobleme

sie nur durch solche Kombinationen. Es ist bezeichnend, dass die „erste Hilfe" des Engels in Schlaf und Speise besteht. Wenn Elia wieder zu Kräften kommt, kann er auch wieder klar und nüchtern denken - und Gottes Stimme hören!

Weitere Bibelstellen im Alten Testament

Psalmen und Sprüche

Viele Stellen zur Begründung Kognitiver Seelsorge finden sich in den *Psalmen* (z.B. 18,30; 42,6; 103,2; 119; 139,23f) und den *Sprüchen* (z.B. 3,25f; 4,14f.23ff; 12,5; 14,15; 16,25). Aus den Sprüchen stammt auch der Vers, der in der englischsprachigen Literatur über Kognitive Seelsorge sogar am meisten genannt wird: „For as he thinketh in his heart, so is he" (Spr 23,7; King James Übersetzung). Diese Stelle eignet sich aber nicht wirklich, denn es handelt sich hier nicht um eine allgemein gültige Aussage über das menschliche Denken, sondern um den speziellen Fall eines bösartigen falschen Schmeichlers, der freundlich tut, dabei aber Übles im Schild führt.

1.2.2. Kernaussagen im Neuen Testament

Römer 12,2
Veränderung des Denkens

Weil Gott sich erbarmt

Auf keine Bibelstelle wird in der Literatur zur Kognitiven Seelsorge so viel Bezug genommen wie auf diese. Das ist auch angemessen. Im Römerbrief bilden die ersten beiden Verse von Kapitel 12 sozusagen das Scharnier zwischen dem theoretischen ersten Teil, der Rechtfertigungslehre, und dem praktischen zweiten, der Ethik. Dieser Zusammenhang ist für das Verständnis wichtig: Darin, dassGott barmherzig ist und uns so annimmt, wie wir sind, liegt die großer Ermutigung dazu, dass wir uns auch selbst und unsere Mitmenschen so annehmen und uns entsprechend verhalten. Es geht bei der Veränderung des Denkens an dieser Stelle in erster Linie um die Veränderung unseres Gottesbildes von Angst und Misstrauen zu ganzem Vertrauen. Dann kann auch Vertrauen und Liebe zwischen uns Menschen entstehen.

Epheser 4,22-32
Ausziehen des Alten, Anziehen des Neuen

Wie ein Manifest

Diesen Text könnte man geradezu als Manifest der Erneuerung des Denkens im Neuen Testament bezeichnen. Noch differenzierter als Rö 12,2 entfaltet er verschiedene Facetten dieser Erneuerung: Konstruktives Kommunizieren, selbstbeherrschtes Reden, förderlichen Umgang mit Emotionen und verantwortliches Verhalten im Beruf.

Philipper 4,4-9
Entscheidung für die Freude

Lebensbejahung

In der Literatur zur Kognitiven Seelsorge stößt man auffällig häufig auf diesen Abschnitt. Er spricht weniger von der Veränderung des Denkens als von seinen lohnenden Gegenständen und Zielen, von seiner Ausrichtung also. Es wird in dieser Bibelstelle besonders deutlich, dass die Perspektive christlich erneuerten Denkens sehr lebensbejahend ist.

Weitere Bibelstellen im Neuen Testament

Jesus thematisiert den Unterschied zwischen konstruktivem und destruktivem Denken besonders intensiv in der Bergpredigt, zum Beispiel dort, wo er vom Richten spricht (Mt 7,1-5). Er warnt vor den pauschalen Negativbewertungen, mit denen wir aus dem Verhalten auf die ganze Person zurückschließen.

Vom Richten

In Mk 7,18-23 sagt Jesus, dass nicht das Äußere verunreinigt, sondern das Innere. Unsere entscheidenden Probleme entstehen also in der Welt der Gedanken.

Nicht das Äußere

Ein roter Faden im johanneischen Schriftgut ist die Gegenüberstellung von Lüge und Wahrheit. Jesus nimmt für sich in Anspruch, dass er in der Wahrheit lebt und auch uns in die Wahrheit führt, wenn wir ihm folgen (Joh 8,31f). Den Teufel hingegen nennt er den „Vater der Lüge" (Joh 8,44).

Lüge und Wahrheit

Im paulinischen Schriftgut finden sich noch viele weitere Stellen außer den oben genannten, in denen es explizit um die Macht der Gedanken geht. Einige seien an dieser Stelle genannt (es lohnt sich, sie nachzuschlagen!): Rö 2,14f; 3,23f; 5,2-5.; 7,14-8,7; 1Kor 6,12; 9,24-27; 10,23; 2Kor 10,2-5; Phil 2,5; 2,12f; 3,12-15; Kol 3,1f; 1Tim 1,7.

Paulus zum Denken

Der Hebräerbrief spricht die ordnende Einwirkung des Redens Gottes auf unser Denken und Fühlen an (Hb 4,12). Eine ganz ähnliche Aussage wie in Phil 4,4-9 findet sich im 1. Petrusbrief (1Pt 5,5-9), nur wird hier neben der positiven Grundausrichtung des christlichen Denkens noch mit besonderer Deutlichkeit von den widerstrebenden Sorgengedanken gesprochen, gegen die es sich durchsetzen muss. Diese werden hier wie auch im Jakobusbrief (Jk 4,7) mit jenem „Vater der Lüge" in Verbindung gebracht. Überhaupt sagt Jakobus in seinem kurzen Brief sehr viel über konstruktives und destruktives Denken (z.B. Jk 1,2; 1,13-17).

Das Sorgenproblem

1.2.3. Das Problem der Willensfreiheit

Aus den meisten der aufgeführten Bibelstellen geht sehr deutlich hervor, dass der Mensch nicht nur in der Lage ist, seine „iBs" wahrzunehmen, sondern dass er sie korrigieren und seinem Denken eine neue Richtung geben kann, die zu einem neuen Verhalten führt. Gott erwartet das von uns Menschen, ob wir Christen sind oder nicht, und mutet es uns zu.

Denken verändern...

Dennoch ist die ganze Theologiegeschichte bis heute von der Kontroverse durchzogen, ob wir uns frei zum Guten entscheiden können oder nicht. Der Streitpunkt unter Christen ist dabei gar nicht die Frage, ob der Mensch Gott gegenüber völlig autonom oder völlig abhängig sei. Dass grundsätzlich alle Wahrheitserkenntnis ein Geschenk Gottes ist, stand noch nie wirklich zur Debatte. Gestritten wird bis heute vielmehr darum, ob tiefer gehende Wahrheitserkenntnis zuerst die Bekehrung zum christlichen Glauben und dadurch den Empfang des Heiligen Geistes erfordere. Diese Sichtweise geht vor allem auf Augustinus (354-430) zurück, der die spätere Theologie nachhaltig prägte und auch auf die Reformatoren einen starken Einfluss hatte. Augustinus war der Auffassung, dass

...aus eigener Kraft?

Augustinus

selbst die besten Tugenden der Nichtchristen nur „glänzende Laster" seien. Der biblische Befund und die Erfahrung zeigen deutlich, dass es nicht so ist.

Luther und Erasmus

Dass trotzdem bis heute Christen einerseits therapeutische Ansätze wie die Kognitive Therapie für oberflächliche Techniken halten, die den eigentlichen Problemen, insbesondere der Sünde, gar nicht auf den Grund gehen würden, und dass sie andererseits ihre Anwendung in der Seelsorge als Konkurrenz zur Gnade Gottes und dem verändernden Wirken des Heiligen Geistes betrachten, liegt wahrscheinlich mittlerweile weniger an Augustin als an einer theologischen Einseitigkeit, die von Beginn an den reformatorischen Kirchen anhaftet. Weichen stellend hierfür war der berühmte Gelehrtenstreit zwischen den Reformatoren *Martin Luther* (1483-1546) und *Erasmus von Rotterdam* (1466-1536) über den freien Willen.

Freier Wille

Der augustinisch geprägte Luther leugnete jegliche Fähigkeit des Menschen, durch wirksame Regulierung seines Denkens und Fühlens wirklich konstruktive Verhaltensänderungen bewirken zu können. Erasmus hielt mit vielen guten Argumenten aus der Bibel dagegen, dass zwar alle Freiheit des Denkens und Entscheidens ein Gabe Gottes sei, dass diese aber allen Menschen unabhängig von ihrem Glauben zuteil wird und dass sie darum selbst verantwortlich dafür sind, Wahrheit oder Lüge zu wählen. Die nachreformatorische evangelische Theologie verwarf in dieser Frage Erasmus und folgte weitestgehend Luther.

Literatur

→ *Literaturverweise*

Willberg, Hans-Arved, Die Mafia im Kopf, in: Neues Leben (2013) 1, 56-60

Willberg, Hans-Arved, *Die seelsorgerliche Bedeutung des Jakobusbriefs: Biblisch-psychologische Auslegung*, Lehrbücher aus dem Institut für Seelsorgeausbildung (ISA), Bd. 4 (Books on Demand: Norderstedt, 2014)

Zur Ähnlichkeit von stoischer und christlicher Ethik

Bonhöffer, Adolf, *Epiktet und das Neue Testament*, Religionsgeschichtliche Versuche und Vorarbeiten, begründet v. A. Dieterich u. R. Wünsch, Hg. R. Wünsche u. L. Deubner, Bd. 10, Reprint (Alfred Töpelmann: Berlin, 1964 [1911])

Zu Gen 3: Sein zu müssen wie Gott

Horney, Karen, *Neurose und menschliches Wachstum: Das Ringen um Selbstverwirklichung*, aus d. Amerik. v. U. Joel, 6. Aufl. (Fischer Taschenbuch: Frankfurt am Main, 2000)

Zur Frage der Willensfreiheit

Erasmus von Rotterdam, *Vom freien Willen*, verdeutscht v. O. Schumacher, 6. Aufl. (Vandenhoeck & Ruprecht: Göttingen, 1988)

Aufgaben 01

Bearbeitungszeit: 0,5 Credits = 15 Stunden Bitte senden Sie die Antworten an info@isa-institut.de. Geben Sie zu den Antworten die Ziffer der Aufgabenreihe oben im Balken und jeweils die Nummer der Frage an.

1. Meditieren Sie die drei Zitate unter 1.1.1. Überlegen Sie, wo die Grenzen dieser Behauptungen liegen. Können Sie sich Situationen vorstellen, für die sie nicht mehr zutreffen? Welche?

2.. Nicht selten wird eingewendet, es sei einseitig und helfe bei vielen Störungen nicht, wenn man die Veränderung vor allem im Denken ansetzt. Was meinen Sie dazu?

3. Das Wort „Buße" bzw. „Umkehr" heißt im griechischen Neuen Testament „Metanoia" = „Umdenken". Überlegen Sie, ob das reicht, um darunter das ganze Geschehen der „Buße" zu fassen. Und in welcher Beziehung steht das „Umdenken" zur Heiligung?

4. Was sagt das Alte Testament über die aufgeführten Bibelstellen hinaus noch über die Macht der Gedanken und ihre Veränderung?

5. Vertiefen Sie sich in den Text Jak 1,13-17. Vergleichen Sie ihn mit Gen 4 und Eph 4,22-32.. Legen Sie mit Hilfe dieser beiden Texte den Jakobustext aus. Achten Sie besonders darauf, worin die Parallelen dieser Texte liegen und was hier über die Veränderung des Denkens gesagt wird.

6. Denken Sie noch weiter über das Thema „Willensfreiheit" nach. Formulieren Sie Ihren eigenen Standpunkt dazu.

2. Einführung in die Rational-Emotive Verhaltenstherapie (REVT)
Die ABC-Methode nach Albert Ellis[1]

2.1. Albert Ellis

Albert Ellis

Der US-Amerikaner Ellis lebte von 1913 bis 2007. Er gilt als einer der bedeutendsten Psychotherapeuten des 20. Jahrhunderts. In den 50ern entwickelte er eine neue Methodik der Psychotherapie, die er Rational-Emotive Therapie (RET) nannte. In New York gründete Ellis 1959 ein Schulungs- und Forschungszentrum für RET, das Institute for Rational Living, das später in Albert Ellis Institute umbenannt wurde.[2]

Im Unterschied zur Psychoanalyse, in der Ellis ausgebildet war, ging er davon aus, dass die mehr oder weniger bewusste Ratio des Menschen entscheidenden Einfluss auf seine Emotionalität hat und ein Großteil der seelischen Störungen wiederum daraus resultiert, dass Menschen ihre Emotionen nicht mehr selbst beherrschen können, sondern selbst von diesen beherrscht werden. Wirksame Psychotherapie besteht demnach darin, die rationalen Denkfehler zu analysieren und zu korrigieren, die zu solchen unangemessenen Emotionen führen. Prägend für diese Konzeption war vor allem die praktische Philosophie der Stoiker.

Wirksame Therapie

Religionskritik

Ellis war ein geschätzter Mitarbeiter und Redner bei der American Psychological Association (APA), dem US-amerikanischen Berufsverband der Psychologen und Psychotherapeuten. Aufsehen erregte dort besonders seine 1960 veröffentlichte These, Psychotherapie und religiöser Glaube seien unvereinbar, weil dieser keine heilende Wirkung auf die Seele des Menschen habe. Diese provokante Behauptung war ein wesentlicher Anstoß für die wissenschaftliche Erforschung des Zusammenhangs zwischen religiösem Glauben und seelischer Gesundheit in den folgenden Jahrzehnten. Seiner wissenschaftlichen Grundhaltung gemäß betonte Ellis stets, dass seine Behauptungen nur Hypothesen seien, die widerlegt werden dürften. Als tatsächlich immer mehr empirische Untersuchungen die Unhaltbarkeit seiner Hypothese aufzeigten, modifizierte Ellis seine Haltung dem religiösen Glauben gegenüber erheblich. Zwar blieb er seiner atheistischen Weltanschauung treu, aber er räumte nicht nur ein, dass Religion und Spiritualität eine gesundheitsfördernde Wirkung auf den Einzelnen haben kann, sondern er reagierte auch auf Arbeiten, die das speziell für die RET aufwiesen, mit der gebührenden Anerkennung. Im Alter von 88 Jahren brachte er zusammen mit dem Mormonen Stevan L. Nielsen und dem evangelikalen Christen W. Brad Johnson ein Handbuch für die Anwendung der RET bei religiösen Personen heraus, das die Glaubensvorstellungen dieser Klientel grundsätzlich als Heilungsressourcen ansieht. Insofern hat Ellis selbst auch einen wesentlichen Beitrag zur

REVT und Glaube

---

[1] Einige Grafiken und Textpassagen dieses Abschnitts stammen aus Hans-Arved Willberg, *Das ABC der positiven Lebenseinstellung: Endlich Schluss mit finsteren Gedanken!* (R. Brockhaus: Witten, 2007) Lebenshilfen aus dem Institut für Seelsorgeausbildung (ISA), Bd. 1, Neuausgabe der 1. Aufl. bei SCM R.Brockhaus, 2007 (Books on Demand: Norderstedt, 2010).

[2] Albert Ellis Institute, http://albertellis.org. Das Würzburger Schulungszentrum DIREKT e.V. ist das deutsche Tochterinstitut des Albert Ellis Institute. Vgl. DIREKT e.V., http://ret-revt.de.

Entwicklung der Kognitiven Seelsorge geleistet.

Seine Hauptbedeutung liegt aber zweifellos darin, dass er einer der Pioniere der Kognitiven Verhaltenstherapie (KVT) war. Diese Therapierichtung, die sich mittlerweile als die insgesamt wirksamste und am besten erforschte erwiesen hat und in Deutschland bei den Krankenkassen als eines der wenigen anerkannten Verfahren gilt, ging in den 60ern und 70ern aus dem organischen Zusammenschluss von Kognitiver Therapie und Verhaltenstherapie hervor. Ellis war der erste wichtige Vertreter der Kognitiven Therapie. Als ihm selbst die enge Verbindung zur Verhaltenstherapie bewusst wurde, änderte er den Namen seiner eigenen Schulrichtung von RET zu REBT (Rational Emotive Behavior Therapy), auf Deutsch REVT (Rational Emotive Verhaltenstherapie).

KVT

Von RET zu REVT

2.2. Emotion und Verhalten

2.2.1. Emotionen

Eine Emotion ist nicht dasselbe wie ein Gefühl, aber das Gefühl ist ein wesentlicher Bestandteil der Emotion. Wir verwenden oft den Ausdruck „Das bewegt mich", wenn wir starke Gefühle in uns spüren. Wenn wir damit eine ziellose Aufwallung meinen, handelt es sich um Sentimentalität. Der Sinn von Gefühlen erschöpft sich aber nicht darin, dass sie uns nur irgendwie bewegen, sondern er liegt im *Ziel* dieser Bewegung.

Gefühle

Das Wort „Emotion" kommt vom lateinischen *e-movere*. Wörtlich heißt das „herausbewegen"; eleganter ausgedrückt: „bewegen zu". Genau diese Bedeutung haben die Emotionen für uns: Sie bewegen uns zu einem Verhalten. Darum sagt man zum Beispiel: „Angst macht Beine". Sie bewegt zur Flucht, so wie Aggression zum Angriff bewegt. Das Gefühl ist, wie sich ebenfalls mit dem Wort *movere* sagen lässt, sozusagen der *Motor*, der uns in Richtung auf ein bestimmtes Verhalten in Bewegung setzt.

Was mich bewegt

Die Emotion hat also nicht nur eine Gefühlskomponente, sondern auch eine Verhaltenskomponente. Die Tatsache, dass uns *etwas* bewegt, deutet aber auch darauf hin, dass es noch eine dritte Komponente der Emotion gibt: Das, was die Bewegung in uns in Gang bring. Dieser *Anstoß* für Gefühlsbewegung funktioniert nach einem anderen Prinzip als etwa der Stoß, den ein Billardspieler durch den Billardstock, den Queue, auf die Kugel ausübt. Der physikalische Ursache-Wirkung-Zusammenhang lässt sich nicht auf menschliche Reaktionsweisen übertragen. Die Anstöße finden zwar statt, aber sie wirken sich erst dadurch emotional in uns aus, dass wir ihnen eine *Deutung* geben. Das müssen wir allerdings differenzieren: Es gibt erstens Gefühlsreaktionen wie zum Beispiel die Erfahrung eines Hammerschlags auf den Kopf, die eine sehr ähnliche Unmittelbarkeit zeigen wie die Wirkung des Queue auf die Kugel. Es gibt zweitens Gefühlsreaktionen, die aus einer oft außerordentlich raschen Situationsbeurteilung unbewusster Anteile unseres Gehirns hervorgehen, wie zum Beispiel den Schreck. Drittens gibt es Gefühlsreaktionen, die aus einer mehr oder weniger *bewussten Bewertung* eines Anstoßes resultieren.

Anstöße

Deutungen

bewusste Bewertung

bewusste Bewertung

Wir *erleben* nicht nur den Hammerschlag, sondern (sofern wir danach noch bei Bewusstsein sind) wir *bewerten* ihn auch mitsamt seiner unmittelbaren Folge. Dasselbe gilt für den Schreck: Unbewusst und vollautomatisch hat unser Gehirn einen Anstoß bereits als etwas Erschreckendes bewertet. Unmittelbar danach folgt aber eine mehr oder weniger *bewusste* Bewertung durch den Verstand. Zum Beispiel erkennen wir, dass der Auslöser des Schrecks keine reale Bedrohung, sondern nur ein Windstoß war, der die Tür zuknallen ließ. Darum regen wir uns schnell wieder ab. Indem wir uns beruhigen, verändern wir unser Gefühl und verhindern dadurch das unangemessene Verhalten der Flucht oder des Angriffs.

Interpretationen

Nicht selten verstärken wir aber die unbewusste Bewertung durch unser Gehirn auf ungünstige Weise. Wir können zum Beispiel das Zuknallen der Tür als böswilliges Verhalten unseres Ehepartners interpretieren. Dann folgt also auf die vollautomatische Spontanreaktion eine zweite, die das Ereignis zusätzlich dramatisiert. Zum Beispiel reagieren wir jetzt mit Wut (Abbildung 1).

Automatisierungen

Abbildung 1: Wutreaktion durch Bewertung der Schreckreaktion

Mehr oder weniger bewusst sind solche Interpretationen, weil sie sehr häufig *automatisiert* sind. Automatisierungen körperlicher und seelischer Vorgänge sind Gewöhnungen. Obwohl automatisierte Interpretationen in aller Regel nicht unbewusst verlaufen, bemerken wir sie nicht, wenn wir sie uns nicht bewusst *machen*. Diese Interpretationen sind eingeschliffene, wie von selbst in Aktion tretende Gedanken, die wir uns über das Ereignis machen. Die Tatsache, dass sie automatisiert sind, verleitet uns zu irrtümlichen Behauptungen wie „Du ärgerst mich!" Genau genommen muss es aber heißen: „*Ich* ärgere mich." Denn ich *bewerte* dein Verhalten als ein Phänomen, für das eine aggressive Reaktion angemessen ist. Ob ich damit recht habe und ob du wirklich beabsichtigt hast, was ich dir unterstelle, steht auf einem anderen Blatt.

Bewertungsfilter

Die mehr oder weniger bewusste interpretierende Bewertung ist die dritte Komponente der Emotion. Eine Emotion entsteht also dadurch, dass alle Anstöße für unser Bewusstsein, das heißt: alle halb oder ganz bewusst wahrgenommenen Situationen, erst einen *mentalen Bewertungsfilter* in uns passieren, bevor sie uns entscheidend in Bewegung setzen. Selbst starke unmittelbare Gefühlsreaktionen wie zum Beispiel der heftige Schreck nötigen uns nicht zur Flucht, sondern sie geben uns nur den Impuls dazu. Wenn wir uns bewusst gemacht haben, dass die Bedrohung nur in einem Schatten bestand, können wir dem Impuls sofort widerstehen. Entscheidend für unsere emotionalen Reaktionen sind also nicht die Situationen selbst, auch nicht die spontanen vollautomatischen Gefühlsimpulse, die aus einer Situation entstehen, sondern unsere sekundären *Bewertungen* dieser Reize.

Unser mentaler Bewertungsfilter wird, wie das Wort „Bewertung" schon andeutet, durch unser persönliches *Wertesystem* gebildet. Wir halten grundsätzlich das für wertvoll, was unseren Bedürfnissen entspricht. Das meinen wir, wenn wir sagen, dass uns etwas *wichtig* ist oder dass wir auf etwas *Wert legen*. Genauso gut können wir sagen: „Es ist mir ein Bedürfnis." Die emotionale Reaktion dient also dazu, auf jeden Anstoß, den jede Situation enthält, eine Entscheidung zu treffen und in die Tat umzusetzen, die unserem Bedürfnis im Bezug zu diesem Anstoß entspricht. Die Emotionspsychologin Brigitte Scheele hat dafür eine präzise Formulierung gefunden:[3]

Wertesystem

● **Emotionen sind bedürfnisrelevante Bewertungszustände**

Definition

Wir können also die Emotion als Ganze folgendermaßen darstellen:

Anstoß ▶	Bewertung ▶	Gefühl ▶	Verhalten ▶	Bedürfnis
	EMOTION			

2.2.2. Problemgefühle

Jedes Gefühl hat im Kontext der emotionalen Reaktion die Bedeutung eines *Signals*. Wie eine Ampel signalisiert ein angenehmes Gefühl, dass in einer bestimmten Situation ein Bedürfnis in Erfüllung geht, ein unangenehmes Gefühl signalisiert das Gegenteil. Ob ein Gefühl problematisch für uns ist oder nicht, zeigt sich erst daran, ob das *Verhalten*, für das es entweder grünes Licht gibt oder vor dem es warnt, bedürfnisrelevant ist. Wenn uns zum Beispiel die Angst daran hindert, zur Erfüllung eines echten Bedürfnisses zu finden, ist sie problematisch, wenn sie uns hingegen davor bewahrt, dass wir einem echten Bedürfnis zuwiderhandeln, ist sie uns eine Hilfe. Ob Gefühle problematisch werden oder nicht, hängt also von der Angemessenheit unserer Situationsbewertungen ab.

Signale

Bedürfnisrelevanz

Grundsätzlich streben wir immer nach der Erfüllung unserer Bedürfnisse. Wenn wir jedoch Situationen falsch bewerten, kommt es vor, dass wir dieses Ziel verfehlen. Das geschieht leider sehr oft. Nur in diesem Zusammenhang macht es Sinn, die Gefühle zu problematisieren, die dabei eine Rolle spielen. Bevor wir das im Folgenden tun, wollen wir uns aber noch klar machen, woraus ein Gefühl eigentlich besteht.

Fehlbewertungen

Die Empfindung eines Gefühls ist immer *körperlich*. Etwas überspitzt darf man also behaupten: Es gibt nur körperliche Gefühle! In dieser Hinsicht unterscheidet sich zum Beispiel ein körperlicher Schmerz nicht von Trauer, Freude, Ekel und Furcht. Jedes *seelische* Gefühl wird erst zu einem solchen durch die Wahrnehmung und Interpretation eines Körpergefühls. Zum Beispiel kommt durch eine Angstfantasie das Körpergefühl der Angst zustande. Es besteht für sich genommen aus nichts anderem als einer *Stressreaktion*. Ohne den mentalen Filter der Angstbewertung unterscheidet sich die körperliche Symptomatik des Angstgefühls kaum von der Symptomatik bei anderen Stressphänomenen wie Wut oder auch ekstatische Lust. Der einleuchtende Grund dafür liegt darin, dass der

Körperlichkeit

---

[3] Brigitte Scheele, *Emotionen als bedürfnisrelevante Bewertungszustände: Grundriß einer epistemologischen Emotionstheorie* (A. Francke: Tübingen, 1990).

Körper nur über *ein* aktivierendes Stresssystem verfügt - man nennt es die *„Stressachse"*. Wie ganz unterschiedliche Züge eine Schiene befahren können, so kann die Stressachse auch von ganz unterschiedlichen Bedürfnisintentionen in Anspruch genommen werden. Das gibt uns übrigens einen gewissen Spielraum, auftretende Körperphänomene auch umzudeuten. Mit gutem Grund können wir zum Beispiel viele Missstimmungen als Auswirkungen hormoneller Schwankungen interpretieren. Hier gibt es oft Fehldiagnosen, wenn man nicht genau genug hinschaut, wie zum Beispiel die Diagnose „Depression", wenn bei Erschöpfungszuständen gewisse Symptome auftreten, die auch zur Symptomatik von Depressionen gehören. Auf diese Art kann man sich seelische Störungen auch gewissermaßen züchten. Auf der anderen Seite erklärt sich dadurch die hohe Wirksamkeit von Psychopharmaka, Entspannung und Sport bei Stressstörungen wie Angst und Depression. Durch solche Maßnahmen wird die Balance im Stresssystem wieder hergestellt. Wenn aber die körperliche Symptomatik der Problemgefühle Angst und Depression schwindet, erübrigt sich oft auch ihre mentale Komponente.

Deutungsspielraum

Natürlich können auch angenehme Gefühle fatal an der echten Bedürfniserfüllung vorbeizielen, aber begreiflicherweise spielen sie in Seelsorge, Beratung und Therapie nur dann eine Rolle, wenn es sich entweder um eine Kompensation unangenehmer Gefühle handelt oder wenn sie unangenehme Folgen haben. In aller Regel empfinden wir nur unangenehme Gefühle als problematisch. Die folgende Tabelle fasst zusammen, was der Stressforscher Richard Lazarus über den bedürfnisrelevanten Bewertungszusammenhang der maßgeblichen unangenehmen Gefühle herausgefunden hat.[4]

Angenehme Gefühle

Bedeutung und Bedürfnis

Gefühl	Bedeutung des Gefühls	Angesprochenes Bedürfnis
Ärger	Ich fühle mich persönlich angegriffen und gekränkt und dadurch erniedrigt.	Ich möchte mich als Person inkl. meiner Eigenart und meinen Überzeugungen geschätzt und geachtet wissen.
Angst	Ich fühle mich persönlich bedroht durch etwas, das ich nicht kontrollieren kann.	Ich möchte mich geschützt wissen, weil ich oder/und andere zuverlässige und wirksame Kontrolle ausüben.
Scham	Ich empfinde, dass ich einem persönlichen Ideal gegenüber versagt habe.	Ich möchte erleben, dass Übereinstimmung zwischen dem Bild, das ich von mir selbst habe, und der Weise, wie ich mich selbst erfahre, besteht.
Schuld	Ich empfinde, ein moralisches Gebot übertreten zu haben.	Ich möchte die Sicherheit haben, dass mein Tun und Lassen moralisch korrekt ist.
Traurigkeit	Ich empfinde einen unwiederbringlichen Verlust.	Ich möchte den Wert, den ich mit diesem Verlust verbinde, unbedingt lebendig erhalten oder wieder gewinnen, so dass ich mich an ihm freuen kann.
Neid	Ich habe Verlangen nach dem, was (zu) einem anderen gehört.	Ich möchte erleben, dass mein Mangel, den ich im Vergleich mit dem anderen an diesem Punkt spüre, ausgeglichen wird.
Eifersucht	Ich empfinde Abneigung gegen eine dritte Person/Partei, die mir die Gunst einer anderen, die mir wichtig ist, rauben könnte.	Ich möchte die Gunst dieser Person/Gruppe auf jeden Fall erwerben/erhalten.
Ekel	Ich fühle mich einem ungenießbaren Gegenstand (auch im übertragenen Sinn) zu nah.	Ich möchte mich nur auf Verhältnisse einlassen, die die ich annehmen oder wenigstens sinnvoll verarbeiten kann.

---

[4] Nach Richard S. Lazarus, *Stress and Emotion: A New Synthesis* (Free Association Books: London, 1999).

Die unangenehmen Problemgefühle mit häufig problematischen, schädigenden und selbstschädigenden Folgen lassen sich auf drei Zentralgefühle reduzieren, die wiederum sehr eng miteinander zusammenhängen.

3 Zentralgefühle

Bewertung	Einschätzung	Gefühl	Intention	Ziel
Gefahr! ▸	Ich kann noch siegen! ▸	**Aggression** ▸	**Fight**: Angriff ▸	gefährdetes Bedürfnis
	Ich kann mich retten! ▸	**Angst** ▸	**Flight**: Flucht ▸	
	Ich habe verloren ▸	**Depression** ▸	**Fright**: Erstarrung ▸	

Insofern handelt es sich nur um die drei Einschätzungsvarianten einer Situation, die als *Bedrohung* bewertet wird (Abbildung 2). Alle anderen unangenehmen Gefühle wird man wohl als Kombinationen dieser drei mit einer bestimmten Bewertung verstehen dürfen.

Bedrohungen

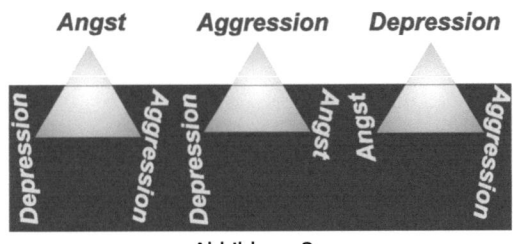

Abbildung 2:
Dasselbe Thema in drei Erscheinungsweisen

Die Erstarrung in *Depression* erfolgt aus dem Wechsel von Widerstand zu Ergebung. Wenn wir wahrnehmen, dass wesentliche Bedürfnisse keine Erfüllung finden können, gewinnt das Bedürfnis die Priorität, die Nicht-Erfüllung meistern zu können. Solange aber die Aufmerksamkeit noch auf die Gefahr gerichtet ist, hat die Ergebung für den Betroffenen nichts Positives. Sie besteht darin, sich in die Unausweichlichkeit zu fügen, das Opfer zu sein. Die Angst dominiert völlig, nur scheint es weder einen Fluchtweg zu geben noch eine Möglichkeit, sich zur Wehr zu setzen. Bei einigen Tierarten tritt in solchen Momenten die *Schreckstarre* ein. Die menschliche Erstarrungsreaktion ist wahrscheinlich etwas Ähnliches: Man duckt sich weg und hält still, schließt auch oft die Augen, in der Hoffnung, dass entweder die Gefahr vorübergeht oder doch wenigstens die Qual des Sterbens so gering wie möglich sein möchte.

Depression

Das erklärt, warum depressive Reaktionen dem äußeren Erscheinungsbild nach zwar oft den Eindruck der Lethargie machen, von den Betroffenen aber als extreme Unruhe und Anspannung erlebt werden. Im Lähmungszustand der depressiven Reaktion regiert nach wie vor die Angst. Der Stresspegel bleibt sehr hoch und das aktivierende *Sympathische Nervensystem* blockiert weiterhin alle Entspannung.

Angstreaktion

Genau wie Flucht und Agression ist auch die depressive Erstarrung eine ganz natürliche Reaktion auf extreme Bedrohungen, zum Beispiel in Form von krisenhaften Überforderungen. Sinn haben solche Reaktionen aber nur so lang, wie die Bedrohung tatsächlich vorhanden ist. In einem gesunden Bewältigungsprozess löst sich die Erstarrung, sobald die überfordernde Bedrohung und Belastung nachlässt. Wenn es sich nur um eine Bedrohung handelte, aus der kein Verlust entstanden ist, folgt als gesunde Reaktion darauf Entspannung. Das sympathische Nervensystem wird abgeschaltet und das parasympathische tritt in Kraft. Wenn das drohende Unglück aber nicht vorübergegangen ist, sondern ein schmerzlicher Verlust entstanden ist, wandelt sich die depressive Lähmung zur Trauer. Im Unterschied zur Depression ist Trauer ein Heilungsprozess, in dem

Trauer

© Institut für Seelsorgeausbildung (ISA)

sich die Angststarre löst und sich ein allmählicher Übergang von der Stressdominanz zur Entspannung vollzieht. In diesem Prozess verändert sich die widerwillige Ergebenheit, die noch voller Angst und Aggression ist, zu entschiedener, freiwilliger Akzeptanz, und der Blick wendet sich von der Bedrohung auf neue, attraktive Ziele zu.

Literatur

→ **Literaturverweise**

Zu Albert Ellis

Ellis, Albert, *Humanistic Psychotherapy*, edited by E. Sagarin (McGraw-Hill: New York, St. Louis, San Francisco, Düsseldorf et al., 1974)

Ellis, Albert, There is no place for the concept of sin in psychotherapy. *Journal of Counseling Psychology* (1960) 7, 188-192.

Ellis, Albert, *Training der Gefühle: Wie Sie sich hartnäckig weigern, unglücklich zu sein*, aus d. Amerik. v. G.H. Price (mvg: Landsberg a.L., 1996)

Nielsen, Stevan Lars, Johnson, W. Brad, Ellis, Albert, *Counseling and Psychotherapy With Religious Persons: A Rational Emotive Therapy Approach* (Lawrence Erlbaum Associates: Mahwah, 2001)

Zum Thema „Emotion"

Bandura, Albert, *Aggression: Eine sozial-lerntheoretische Analyse,* Übersetzung U. Olligschläger (Klett-Cotta: Stuttgart, 1979)

Damasio, Antonio R., *Descartes' Irrtum: Fühlen, Denken und das menschliche Gehirn*, übers. v. H. Kober (List: München, 1997)

Ekman, Paul, *Gefühle lesen: Wie Sie Emotionen erkennen du richtig interpretieren,* aus d. Engl. v. S. Kuhlmann-Krieg (Elsevier/Spektrum: München, 2004)

Epstein, Seymour, Cognitive-Experiental Self-Theory: An Integrative Theory of Personality, in: Curtis, Rebecca C. (Hg.), *The Relational Self: Theoretical Convergences in Psychoanalysis and Social Psychology* (The Guilford Press: New York, London, 1991), 111-137

Epstein, Seymour, *Sie sind viel klüger, als Sie denken: Was man mit Intuition und Verstand erreichen kann,* aus d. Amerik. v. W. Goidinger (Droemersche Verlagsanstalt Th. Knaur Nachf.: München, 1994)

Gasiet, Seev, *Menschliche Bedürfnisse: Eine theoretische Synthese,* Vorwort v. K.O. Hondrich (Campus: Frankfurt, New York, 1981)

Goleman, Daniel, *Die heilende Kraft der Gefühle* (dtv: München, 2000)

Goleman, Daniel, *Emotionale Intelligenz*, aus d. Engl. v. F. Griese, 14. Aufl. (Deutscher Taschenbuch Verlag: München, 2001)

Grawe, Klaus, *Neuropsychotherapie* (Hogrefe: Göttingen, Bern, Toronto u.a., 2004)

Grawe, Klaus, *Psychologische Therapie*, 2., korr. Aufl. (Hogrefe: Göttingen u.a, 2000)

Hüther, Gerald, *Wie aus Stress Gefühle werden* (Göttingen, 1999)

Izard, C.E., *Die Emotionen des Menschen. Eine Einführung in die Grundlagen der Emotionspsychologie* (Weinheim, Basel, 1981)

Lazarus, Richard S., *Stress and Emotion: A New Synthesis* (Free Association Books: London, 1999)

LeDoux, J., *Das Netz der Gefühle: Wie Emotionen entstehen* (Hanser: München, 1998)

Rosenberg, Marshall B., *Gewaltfreie Kommunikation: Eine Sprache des Lebens. Gestalten Sie Ihr Leben, Ihre Beziehungen und Ihre Welt in Übereinstimmung mit Ihren Werten*, 6. überarb. u. erw. Aufl., mit Vorworten v. A. Gandhi u. V.F. Birkenbihl, aus d. Amerik. v. I. Holler (Junfermann: Paderborn, 2005)

Scheele, Brigitte, *Emotionen als bedürfnisrelevante Bewertungszustände: Grundriß einer epistemologischen Emotionstheorie* (A. Francke: Tübingen, 1990)

Schwartz, Dieter, *Gefühle verstehen und positiv verändern* (2002)

Schwartz, Dieter, *Vernunft und Emotion: Die Ellis-Methode: Vernunft einsetzen, sich gut fühlen, mehr im Leben erreichen. Praxis der Rational-Emotiven Verhaltenstherapie*, 4. Aufl. (Borgmann: Dortmund, 2004)

Sons, Rolf, Umgang mit Stimmungsschwankungen im Spiegel der Psalmen, in: Theologische Beiträge (2007) 1, 29-40

Stavemann, Harlich H., *Im Gefühlsdschungel. Emotionale Krisen verstehen und bewältigen* (Weinheim, 2001)

Süfke, Björn, Die männliche Angst vor den Gefühlen, in: Psychologie heute (2008) 3, 30ff

Tillich, Paul, *Der Mut zum Sein*, aus dem Amerik. übertragen v. G. Siemsen (Furche: Hamburg, 1965)

Willberg, Hans-Arved, Gorenflo, Cornelia, *Den Weg der Trauer gehen* (cap-books: Halterbach, 2014)

Wolf, Doris, Merkle, Rolf, *Gefühle verstehen und bewältigen: Ein praktischer Ratgeber zur Bewältigung von Ängsten, Unsicherheiten, Minderwertkeits- und Schuldgefühlen, Eifersucht, depressiven Verstimmungen* (PAL: Mannheim)

Aufgaben 02

Bearbeitungszeit: 0,5 Credits = 15 Stunden Bitte senden Sie die Antworten an info@isa-institut.de. Geben Sie zu den Antworten die Ziffer der Aufgabenreihe oben im Balken und jeweils die Nummer der Frage an.

1. Befassen Sie sich noch eingehender mit Albert Ellis (Literatur, Internet). Stellen Sie sich selbst einige wichtige Daten über ihn zusammen und verfassen Sie eine kurze kritische Würdigung seines Werks.

2.. Erklären und begründen Sie aus dem Gedächtnis den Satz „Emotionen sind bedürfnisrelevante Bewertungszustände".

3. Beschreiben Sie möglichst exakt, wie es dazu kommt, dass Emotionen Schaden herbeiführen.

4. Erstellen Sie sich eine Tabelle wie die auf S. 16 und suchen Sie für jedes der dort genannten Gefühle eigene Erlebnisse in Ihrer Erinnerung. Tragen Sie Ihre Bewertungsreaktionen und Ihr angesprochenes Bedürfnis in diesen konkreten Situationen ein. Machen Sie dasselbe auch für einige angenehme Gefühle.

5. Reflektieren Sie das Flight-Fight-Fright- Modell aus biologischer und theologischer Perspektive und notieren Sie Ihre Erkenntnisse dazu.

2.3. Das ABC-Schema

2.3.1. Überblick

Die folgende Tabelle beschreibt kurz die ABC-Methode nach Albert Ellis mit den originalen englischen Begriffen.

Das ABC-Modell

A	**Activating Event** Anlass Auslöser Situation	Der Reiz, auf den Sie reagieren. Das, was Ihnen widerfährt. Das, was Sie zum Anlass nehmen, um so und nicht anders zu reagieren, weil Sie es so bewerten. Um zu einer konkreten Veränderung von Gedanken, Gefühlen und Verhaltensweisen zu kommen, muss auch konkret wahrgenommen werden, in welchen Situationen sie auftreten!	
B	**Belief** Bewertung Grundüberzeugung Glaube	Wie Sie über das aktivierende Ereignis denken. Der Gedanke, mit dem Sie den Anlass bewerten. Die Überzeugung, aus der heraus Sie reagieren. Der Glaube, so und nicht anders reagieren zu sollen und zu können.	**iB** „Irrational Belief": Irreführende, irrige Bewertung des Anlasses. Sie führt in die emotionale Sackgasse. **rB** „Rational Belief": Rationale, realistische Bewertung des Anlasses. Sie ermöglicht eine emotional angemessene Reaktion und ein entsprechendes Verhalten
C	**Consequence** Crash Konsequenz Reaktion	Die unmittelbare emotionale Folge aus der Bewertung mit den Komponenten Gefühlsreaktion (C_g) körperliche Reaktion (C_k) und Verhaltensreaktion (C_v).	**uC** Die unangemessene Konsequenz als Folge des iB. **aC** Die angemessene, zielführende Konsequenz als Folge des rB.
D	**Dispute** Disputation Diskussion Debatte	Die Auseinandersetzung mit der problematischen Bewertung. Eine Lexikondefinition von „Disputation" lautet: „Auseinandersetzung zur Klärung wissenschaftlicher Streitfragen". Darum geht es: „Wissenschaftlich" heißt hier: Fair, ehrlich, möglichst unvoreingenommen, konsequent, systematisch und streng logisch nach der Wahrheit zu fragen.	
E	**Effective New Philosophy** Erfolg Endeffekt Ergebnis Ziel	Das *gewünschte* Ergebnis als Alternative zur tatsächlichen Reaktion auf den Auslöser. Als nachhaltiger Übungseffekt geht daraus eine veränderte Lebenseinstellung hervor.	

Anschaulich wird die Struktur des ABC-Rasters, wenn man das Bild zweier Wege verwendet (Abbildung 3).

2 Wege

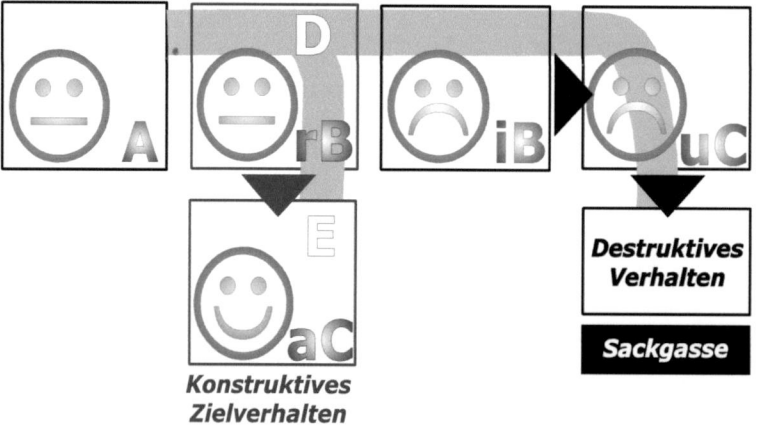

Abbildung 3: Mit dem iB in die Sackgasse, mit dem rB zum Ziel.

→ Wir reagieren auf einen provozierenden Anlass (A) emotional entweder so, dass wir in eine Sackgasse geraten, die in einem misslingenden Bewältigungsversuch (uC) besteht, oder wir „kriegen die Kurve", indem wir durch angemessen Umgang damit (aC) zum gewünschten Ergebnis (E) gelangen.

„Die Kurve kriegen"

→ Der iB zwingt uns durch Verlockung und Drohung in die Sackgasse.

→ Wenn wir den iB rechtzeitig als Irreführung entlarven, ihm den Gehorsam verweigern und uns vergegenwärtigen, welches Ziel wir eigentlich erreichten wollen, können wir seinem Drang widerstehen und die Situation erfolgreich meistern.

2.3.2. Die Vorgehensweise

Um die ABC-Methode anzuwenden, empfiehlt es sich, dieses Raster anzulegen und grundsätzlich in der bezifferten Reihenfolge vorzugehen:

A	B	C
2	3	1
E	D	
4	5	

Reihenfolge

Schritt 1: Worin besteht das Problemgefühl (C_g) und zu welchem Verhalten (C_v) motiviert es? Ist dieses Verhalten nützlich (aC) oder schädlich (uC)? Wenn ein nützliches Verhalten daraus resultiert, erübrigt sich das weitere ABC. Nur bei einem „uC" haben die weiteren Schritte Sinn.

● *Hilfreiche Frage: „Was ist Ihr (gefühltes) Problem?"*

Schritt 2: In welcher konkreten Situation (A) hat sich dieses „uC" ereignet? Es geht darum, eine bestimmte Situation herauszugreifen, in der das „uC" auftrat, und sie exemplarisch für alle ähnlichen Situationen zu untersuchen. Bleiben Sie immer bei dieser einen konkreten Situation!

● *Hilfreiche Frage: „Erinnern Sie sich an eine konkrete Situation, in der dieses Problem (besonders stark) aufgetreten ist?"*

Schritt 3: Mit welchen Gedanken und Fantasien wurde der Anlass (A) bewertet (iB)?

● *Hilfreiche Frage: „Was ging Ihnen in dieser Situation durch den Kopf?"*

Schritt 4: Wie hätte denn ein erfolgreicher Umgang (E) mit dem Anlass (A) ausgesehen?

● *Hilfreiche Frage: „Wenn Sie das Drehbuch dieser Szene neu schreiben könnten: Wie würden Sie denn optimal mit der Situation umgehen?"*

Schritt 5: Mit welcher rationalen, realistischen Bewertung (rB) wäre es zur angemessenen Reaktion (aC) gekommen, aus der das gewünschte erfolgreiche Ergebnis (E) entstanden wäre?

● *Hilfreiche Frage: „Was müssten Sie denken, um in der selben Situation zu Ihrem gewünschten Ergebnis zu gelangen?"*

Beispiel

Beispiel

A	B	C
2. Der Chef ruft mich an und macht mir Vorhaltungen	3. „Dieses fiese Schwein!"	1. Wut
E	**D**	Verhaltensimpuls (C_v): Feindselige Beendigung der Beziehung. Zurückschlagen
4. Diplomatische, deeskalierende Antwort, um den guten Arbeitsplatz nicht zu gefährden	5. Menschen sind keine Schweine. Er hat meine Leistung falsch eingeschätzt. Sein unbeherrschtes, unbedachtes Verhalten ist leider schlechter Führungsstil.	
	→ rB: „Er hat sich unfair verhalten und dadurch seine eigene Schwäche offenbart. Ich kann damit vernünftig umgehen."	

2.4. Der irrational Belief

2.4.1. Cold Cognition und Hot Cognition

A	B	C
Der Chef ruft mich an und macht mir Vorhaltungen	„Dieses fiese Schwein!"	Wut

Die Bewertungen, aus denen unsere problematischen Reaktionen entstehen, kommen uns sehr spontan und völlig unüberlegt in den Sinn. In der Kognitiven Therapie nach Aaron T. Beck, der zweiten großen Hauptrichtung der Kognitiven Therapie neben der REVT, werden sie darum auch *automatische Gedanken* genannt. Normalerweise machen wir sie uns ebenso wenig bewusst wie automatisierte Verhaltensweisen. Weil wir zum Beispiel einmal nach erheblichen Anfangsschwierigkeiten Gehen gelernt haben und den Mechanismus völlig verinnerlichen, sind wir ohne Weiteres in der Lage, einen Spaziergang zu machen und dabei keinen Augenblick für die Überlegung zu verschwenden, wie wir unserer Füße setzen sollen. Der Vorgang läuft automatisch ab. Wir können ihn aber jederzeit wieder ent-automatisieren, wenn zum Beispiel der Weg steil und schwierig wird. Unsere automatischen Situationsbewertungen folgen den selben Prinzipien, mit dem Unterschied, dass wir sehr oft darauf verzichten, unsere automatischen Gedanken bei schwierigen Wegstrecken im übertragenen Sinn zu ent-automatisieren. Mit anderen Worten: Wir verzichten darauf, uns rechtzeitig bewusst vernünftige Gedanken über die Situation zu machen, um sie unseren eigentlichen vernünftigen Zielen gemäß zu meistern.

automatische Gedanken

gewohnte Unvernunft

Was steckt dahinter?

Die Bewertung „Dieses fiese Schwein!" verbindet sich nur dem Schein nach zwingend mit dem Gefühl der Wut. Wir folgern dieses Gefühl daraus, weil wir den Kontext kennen. Für sich genommen kann die Aussage mit allen möglichen Gefühlen verbunden sein. Zum Beispiel könnte auch eine Art Schadenfreude mit süffisantem Grinsen sehr gut dazu passen. Durch die Aussage selbst ist noch nicht ersichtlich, was daran die Wut erzeugt. Durch die Worte „Dieses fiese

Schwein!" wird sie noch nicht verständlich. Es muss also noch irgendein unausgesprochener Gedanke mitschwingen, durch den die Wut entsteht.

In der REVT heißen die automatischen Gedanken *„Cold Cognitions"*. Das heißt: Man sieht ihnen noch nicht an, was daran „heiß" ist, was also zum Beispiel eine hitzige Wutreaktion hervorruft. Diesen Gedanken unter dem automatischen Gedanken nennen wir die *„Hot Cognition"*.

Cold Cognitions

Hot Cognitions

Es ist wie bei einem Vulkan (Abbildung 4): Die Rauchwolke auf dem Gipfel deutet zwar das Magma darunter an, aber nur ungenau. Eine kleinere Wolke könnte auch von einem Lagerfeuer stammen.

Um mit der ABC-Methode effektiv arbeiten zu können, ist es sehr wichtig, nicht nur die automatischen Gedanken zu ent-automatisieren, sie sich also bewusst zu machen, sondern auch die Verbindung zum „C" herzustellen.

Verbindung mit „C"

Abbildung 4:
Cold Cognition = Rauch
Hot Cognition = Magma

● *Hilfreiche Frage: „Was macht Sie wütend (C) an dem Gedanken (B), dass er ein fieses Schwein ist?"*

→ Übung

Übung

Übung 1
Drei mal dieselbe Situation: Der Smiley hat ein schlechtes Prüfungsergebnis erhalten. Betätigen Sie sich als Comic-Autor und überlegen Sie sich automatische Gedanken für die Denkblasen. Was muss der Smiley denken, um in sich angesichts des schlechten Prüfungsergebnisses ein Gefühl der Traurigkeit, der Freude oder des Gleichmuts zu erzeugen?

Abbildung 5: Wie wir denken, so fühlen wir

Übung 2

Erinnern Sie sich an eine eigene Erfahrung, die bei Ihnen selbst zu einem „uC" geführt hat. Schreiben Sie zuerst in die dritte Spalte Ihr Gefühl, Ihre Körperreaktion und den Verhaltensimpuls Ihrer Emotion. Notieren Sie zweitens in der ersten Spalte den konkreten Anlass. Tragen Sie zuletzt Ihren „kühlen" automatischen und den „heißen" darunter liegenden Gedanken in die mittlere Spalte ein, der das „uC" hervorgebracht hat.

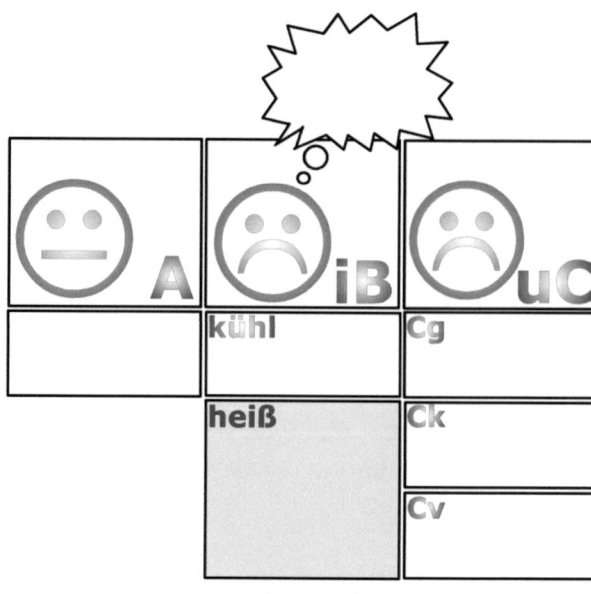

Abbildung 6:
Was steckt hinter dem automatischen Gedanken?

2.4.2. Den Feind identifizieren

Was wird daraus?

„An den Früchten werdet ihr sie erkennen": Das Kriterium dafür, ob eine Situationsbewertung realistisch (rB) oder irreführend (iB) ist, liegt weniger in der Bewertung selbst als im Schaden, den sie anrichtet. Es ist davon auszugehen, dass der Mensch immer Gutes intendiert, selbst wenn er sich bewusst für Böses entscheidet. In diesem Fall geht er dem irrigen Gedanken auf den Leim, der Weg zum Guten führe über das Tun des Bösen. Um aber das Böse um des Bösen willen tun zu wollen, müsste der Mensch ein Teufel sein. Wenn unsere Bewertungen schädigende Wirkungen hervorbringen, wenn wir also dadurch in die emotionale Sackgasse geraten, liegt es nicht daran, dass wir dort ankommen wollten, sondern daran, dass wir vom Weg abgekommen sind. Wir haben uns geirrt!

Irrtümer

Irrationalität

Je klarer der iB herausgearbeitet wird, desto deutlicher wird, dass er logisch unhaltbar ist und nur Schaden anrichtet. Das ist unter seiner „Irrationalität" zu verstehen. Ihm zu gehorchen ist schlichtweg unvernünftig. Das zu klären ist für den therapeutischen Erfolg eminent wichtig, weil der iB nur unter dieser Voraussetzung konsequent und kompromisslos bekämpft werden kann.

Die Angst vor Unerträglichkeit und Selbstwertverlust

Lügen glauben

Den iB, der auf den Irrweg führt, können wir als *Lüge* bezeichnen, wobei es sehr darauf ankommt, klar und sorgfältig zwischen dem Problem und dem, der das Problem hat, zu unterscheiden. Wer einer Lüge auf den Leim ging, tat es in der Absicht, sich für eine Wahrheit zu entscheiden, und hielt irrtümlich den irrational Belief dafür. Es ist entscheidend wichtig für den Erfolg der ABC-Methode, dass der Betroffene versteht: Weder seine gute Absicht noch sein gutes Ziel stehen in Frage. Nicht er *ist* darum ein Problem (ein Lügner), sondern er *hat* ein Problem, auf das er wahrscheinlich gern verzichtet hätte, wenn ihm der Irrtum rechtzeitig bewusst geworden wäre.

Wenn das Problem in einer Lüge besteht, der wir auf den Leim gehen, dann gibt es logischerweise auch eine *Wahrheit* dazu.

Lüge und Wahrheit

● *Hilfreiche Frage zur Disputation (D): „Wenn der iB, den wir jetzt herausgearbeitet haben, eine Lüge ist, was ist dann die Wahrheit in Bezug zu dieser konkreten Situation (A) für Sie?"*

Jede Lüge wird umso verführerischer und überzeugender, je näher sie einer Wahrheit kommt. Eine Lüge, die von vornherein als solche zu erkennen ist, hat wenig bis gar keine Überzeugungskraft. Die innere Mafia der iBs nimmt mit Vorliebe Realitäten auf, um sie unrealistisch zu verfremden und sie so als reine Wahrheit zu präsentieren. Alles Problematische stellen sie im Schwarz-Weiß-Modus dar. Alle Zwischentöne, alles „Sowohl-als-auch" und „Einerseits-andererseits" wird zu einem „Entweder-oder". Das Kennzeichen der iBs ist die Verabsolutierung.

Innere Mafia

Das zentrale Argument jedes iBs ist die *Unerträglichkeit*. Mit der Behauptung, dass wir drohende Erfahrungen nicht aushalten können, erzeugt er eine Grundangst in uns, die sich in die drei Reaktionsweisen *Flight*, *Fright* und *Fright* auffächert. Weil er verabsolutiert, enthält jeder iB eine *Mussforderung*: Er trägt den Anspruch in sich, dass wir um jeden Preis verhindern *müssen*, dass die angeblich unerträgliche Erfahrung eintritt.

Unerträglichkeit

Sehr oft besteht die fantasierte Unerträglichkeit des iB in einer *Entwertungserfahrung*. Der iB diktiert uns, auf jeden Fall zu verhindern, eine solche Erfahrung zu machen. Er verpflichtet uns zu vollständiger Kontrolle: Wir selbst dürfen keinen Fehler machen, uns keine Blöße geben, und er verpflichtet unsere Mitmenschen und unser ganzes Schicksal dazu, unseren Wert zu bestätigen. Er verdammt andere Menschen, die uns diesen Gefallen nicht tun oder denen wir das unterstellen, und er hadert mit dem Schicksal, wenn es sich ebenso zu verhalten scheint.

Angst vor Entwertung

Der iB setzt selbst die Kriterien für *Erträglichkeit* und *Selbstwert*. Er folgert sie aus den guten und schlechten Erfahrungen, die wir im Lauf unseres Lebens gemacht haben. Insbesondere greift er dazu auf die *Erziehung* zurück. Bei Menschen, die in der Kindheit Überbehütung erlebt haben, können die iBs zum Beispiel mit besonderer Vorliebe reine Unerträglichkeiten ins Feld führen, während sie mit Selbstwertproblemen weniger Erfolg haben. Bei Menschen, die eine harte oder vernachlässigende Erziehung erfuhren, kann es umgekehrt sein: Sie haben gelernt, viel auszuhalten, aber sie reagieren sehr stark auf persönliche Demütigungen.

Je nach Erziehung

Die Unerträglichkeit ist das Hauptargument der iBs, der drohende Selbstwertverlust ist eine Teilmenge davon, weil er ebenfalls für unerträglich gehalten wird (Abbildung 7). Wahrscheinlich gibt es ein Gefälle von der allgemeinen Angst vor Unerträglichem zur Angst vor dem Selbstwertverlust. Es ist anzunehmen, dass Letztere jedenfalls im Keim bereits in der allgemeinen Unerträglichkeits-

iB-Hauptargumente

Abbildung 7:
Die beiden Hauptargumente der iBs

"Ich kann nicht...!" angst enthalten ist, denn der Gedanke „Ich kann das nicht aushalten!" ist gleichbedeutend mit dem Gedanken „Ich kann nicht damit fertig werden!". Dieser Gedanke ist aber bereits eine Form des Selbstzweifels. Von dort ist es nicht mehr weit bis zur pauschalen Selbstabwertung.

Selbstwert und Sinn

Die *Hot Cognition* des iB scheint häufig dann vollends zum Vorschein zu kommen, wenn der Anspruch „Ich *muss* XY tun oder verhindern, weil ich sonst meinen Wert verliere", zutage tritt. Das mag für eine effektive Disputation bereits genügen, aber es kann sich lohnen, auch dieses Statement genauer unter die Lupe zu nehmen.

● *Hilfreiche Fragen: „Was bedeutet es für Sie, Wert zu haben?" „Worin liegt das Bedrohliche für Sie in dem Gedanken, keinen Wert zu haben?"*

Wert und Sinn

Es kann sein, dass die Antwort auf solche Fragen lautet: „Wert zu haben bedeutet für mich Sinn zu haben". Für die Disputation kann das eine wichtige Erkenntnis sein, weil sich die Sinnfrage von der Wertfrage ablösen lässt: Wert *hat* man, Sinn *findet* man. Eine realistische Bewertung (rB) mit Überzeugungskraft könnte dann lauten: „Wenn ich nur Sinn finde, kann ich auf das Attribut 'wertvoll' auch verzichten. Meinen Selbstwert zu empfinden und zu erfahren ist mir zwar ein sehr starkes Bedürfnis, aber das Bedürfnis nach Sinn ist noch stärker. Das Besondere am Sinnbedürfnis ist, dass ich es mir selbst erfüllen kann. Wert muss mir verliehen sein, aber die Sinngebung steht mir frei. Sinn ist das Übergeordnete: Für mich ist wertvoll, was für mich sinnvoll ist, und was für mich sinnvoll ist, kann mir niemand vorschreiben."

negativer Wert

Eine zweite Erkenntnis, die beim Nachfragen in dieser Stelle aufkommen kann, ist diese: Nicht die Wert*losigkeit* an sich wird als das entsetzlich Bedrohliche und Unerträgliche angesehen, sondern der *negative Wert*. Das ist ja auch gemeint, wenn man von „Minderwertigkeit" spricht. Eine minderwertige Ware zum Beispiel ist nicht einfach nur weniger wert, sondern sie ist schlecht, sie hat weniger als keinen Wert: Sie ist lästig, störend und ärgerlich. Man wird wohl davon ausgehen können, dass darin das Schwergewicht der Selbstwertprobleme liegt. Dann könnte eine realistische Entgegnung in der Disputation lauten. „Ich bin weder mehr noch weniger wert als irgend ein anderer Mensch. Es ist grundsätzlich sinnlos und irrational, seinen Wert pauschal durch den Vergleich mit anderen feststellen zu wollen. Wenn etwas an mir besonderen Wert hat im Vergleich zu anderen Menschen, dann sicher nicht ich als ganze Person, sondern nur eine bestimmte Leistung oder Eigenschaft."

Die Mussforderungen

Mussforderungen

Die Mussforderungen haben die Funktion, das vermeintlich Unerträgliche zu verhindern. Dieses vermeintlich Unerträgliche wird von den iBs tabuisiert: Es darf unter keinen Umständen eintreten - das wäre eine entsetzliche, unverzeihliche Katastrophe!

Darum enthalten die Mussforderungen einen lückenlosen Anspruch gegen uns selbst, unsere Mitmenschen und das Schicksal, wobei Letzteres von glaubenden Menschen natürlich mit Gott identifiziert wird.

lückenloser Anspruch

→ Ich selbst muss das Unerträgliche unbedingt verhindern!
→ Du musst unbedingt verhindern, dass mir das Unerträgliche widerfährt!
→ Gott muss mich unbedingt davon bewahren!

Die Macht der Mussforderung liegt im Bann, den sie für den Fall ausspricht, wenn ihr Wille nicht geschieht:

→ Wenn ich selbst das Unerträgliche nicht vollständig verhindere, dann bin ich als Mensch völlig disqualifiziert.

Bannsprüche der iBs

→ Wenn mein Mitmensch mir das Unerträgliche zufügt und wenn Gott mich nicht davor schützt, dann ist mein Mitmensch verdammungswürdig und Gott nicht mehr glaubwürdig.
→ Wenn also das vermeintlich Unerträgliche eintritt, kann ich mir selbst, den andern oder Gott nicht mehr vertrauen.

Wo aber kein Vertrauen mehr möglich ist, da kann auch die Liebe nicht mehr sein. Die drei Mussforderungen der iBs sind das Gegenstück zum dreifachen Liebesgebot des Neuen Testaments. Sie sind zudem das Motiv der „*Kognitiven Triade*", die Aaron T. Beck als Kernsymptomatik der Depression erkannt hat. Dieses Schema steht am Anfang von Becks Kognitiver Therapie, die parallel zur REVT entwickelt wurde. Wenn unserer Wahrnehmung nach die Mussforderungen nicht erfüllt werden und weder in Flucht noch in Angriff Hoffnung zu liegen scheint, dann folgt daraus die Erstarrung aufgrund des Glaubens (B), alle Aussicht auf die Erfüllung des frustrierten Bedürfnisses verloren zu haben. Das drückt sich in der Kognitiven Triade aus.

Liebesgebot

Kognitive Triade

Mussforderungen nach Ellis	Kognitive Triade nach Beck	„Liebe...
Gott und mein Schicksal muss sich mir so darbieten, wie es meinen Erwartungen entspricht, sonst ist das ganze Leben völlig unerträglich	Meine Zukunft steht unter einem schlechten Stern - ich bin darauf festgelegt, den Kürzeren zu ziehen	...Gott...
Mein Mitmensch muss sich so verhalten, wie es meinen Erwartungen entspricht, sonst ist er völlig unerträglich	Meine Umwelt ist eine einzige Enttäuschung - von ihr ist nichts Positives zu erwarten	...und deinen Nächsten...
Ich muss meinen perfekten Anspruch gegen mich selbst erfüllen, sonst bin ich völlig unerträglich	Ich bin ein nichtswürdiger Versager - von mir ist nichts Positives zu erwarten	...wie (auch) dich selbst."

→ *Literaturverweise*

Literatur

Zur REVT im Allgemeinen

Ellis, Albert et al., *Coach Dich! Rationales Effektivitäts-Training zur Überwindung emotionaler Blockaden. Ein philosophisch-psychologischer Ratgeber* (Hemmer/Wüst: Würzburg, 2004)

Ellis, Albert, Grieger, Russel (Hg.), *Praxis der rational-emotiven Therapie,* unveränderter Nachdruck, 2. Aufl., (Beltz: Weinheim, 1995 [1979])

Ellis, Albert, Hoellen, Burkhard, *Die Rational-Emotive Verhaltenstherapie - Reflexionen und Neubestimmungen* (J. Pfeiffer: München, 1997)

Walen, Susan R., DiGiuseppe, Raymond, Wessler, Richard L., *RET-Training: Einführung in die Praxis der rational-emotiven Therapie*, aus d. Amerik. v. A. Arnold, 2., um ein Nachwort erw. Ausg. (Pfeiffer bei Klett-Cotta: Stuttgart, 2005)

Wilken, Beate, *Methoden der Kognitiven Umstrukturierung: Ein Leitfaden für die psychotherapeutische Praxis*, 3., aktualisierte Aufl. (W. Kohlhammer: Stuttgart, 2006)

Willberg, Hans-Arved, *Jetzt wag ich's: Krisen mutig begegnen* (Neukirchener Aussaat: Neukirchen-Vluyn, 2012)

Zur Kognitiven Triade

Beck, Aaron T. et al., *Kognitive Therapie der Depression*, aus d. Amerikanischen v.G. Bronder und B. Stein, Hg. M. Hautzinger (Beltz: Weinheim, Basel, 1999)

Burns, David, *Feeling Good: The New Mood Therapy*, revised and updated, Preface by Aaron T. Beck (Avon Books: New York, 1999)

Aufgaben 03

Bearbeitungszeit: 0,5 Credits = 15 Stunden Bitte senden Sie die Antworten an info@isa-institut.de. Geben Sie zu den Antworten die Ziffer der Aufgabenreihe oben im Balken und jeweils die Nummer der Frage an.

1. Setzen Sie sich mit dem „E" auseinander. Worum geht es dabei? Warum hat Ellis zu „E" Ihrer Meinung nach „Effective New Philosophy" gesagt? Schreiben Sie auf, welche Aspekte das „E" enthält.

2.. Experimentieren Sie mit dem ABC. Spielen Sie es für ein paar eigene unangenehme emotionale Erfahrungen durch, an die Sie sich erinnern. Fassen Sie Ihre Erfahrungen mit dem Experiment kurz zusammen.

3. Reflektieren Sie die Behauptung auf S. 24, dass der Mensch immer das Gute intendiert, dass er also auch dann, wenn er sich für Böses entscheidet, meint, es sei gut so. Diese Behauptung ist theologisch durchaus strittig. Bilden Sie sich Ihre eigene Meinung. Fassen Sie das Resultat zusammen und begründen Sie es.

4. Gibt es Ihrer Ansicht nach überhaupt „Unerträgliches" oder besteht das Unerträgliche immer nur in der Fantasie? Begründen Sie Ihre Ansicht.

5. Wie schätzen Sie Ihr eigenes Selbstbewusstsein ein? Was für Erfahrungen machen Ihrem Selbstwertgefühl am meisten zu schaffen? Woher kommt das? Entwickeln Sie vor diesem Hintergrund Ihre eigene These über die Ursachen und die Überwindung von Selbstwertproblemen. Sie können dazu gern auch die Aussagen des Textes verwenden.

2.5. Der Symptomstress

Wenn wir in der Beratung eine emotionale Reaktion (C) ausfindig gemacht haben, die so aussieht, als sei sie das Problem der Person, heißt das noch nicht, dass wir es wirklich erfasst haben. An einem ABC zu arbeiten, um eine kognitive Veränderung zu erzielen, ist nur sinnvoll,

Abbildung 8:
Der Stress mit dem Symptom -
das Problem mit dem Problem

- wenn das Problem C_1 von der Person selbst auch wirklich als belastendes Problem empfunden wird,
- wenn diese Belastung realistisch ist und
- wenn es nicht noch ein weiteres Problem C_2 gibt, das sich auf Problem C_1 bezieht und die Lösung von C_1 blockiert.

Ist das Problem das Problem?

Die erste dieser drei Bedingungen ist also zwar notwendig, aber nicht hinreichend, um sich für ein bestimmtes ABC zu entscheiden. Die unrealistische Einschätzung eines Problems als Belastung kommt häufig daher, dass jenes weitere Problem C_2 in der Form von *Symptomstress* auftritt: Das präsentierte Problem C_1 wird als Last empfunden, weil die Person sich verbietet, es zu haben. Sie hat ein Problem mit dem Problem! Ein Beispiel dafür ist Abbildung 8.

Symptomstress

2.5.1. Der Stress mit dem Stress

● **Symptomstress ist der Stress, den eine Person mit dem Symptom hat, unter dem sie leidet. Kurz gesagt: Der Stress mit dem Stress.**

Definition

Symptomstress gibt es sehr oft. Angststörungen zum Beispiel bestehen in aller Regel zu einem ganz großen Teil aus Symptomstress: Die betroffene Person hat nicht nur Angst, sondern sie hat auch noch Angst *vor* der Angst, weil hochgradige Angst ein sehr unangenehmes Gefühl ist, das man natürlich gern vermeidet. Die Crux des Angstgestörten liegt aber gerade im Vermeiden. Durch das Vermeiden der Angst potenziert sich das Vermeidungsverhalten. Je mehr er vermeidet, desto größer wird die Angst.

Angst vor der Angst

Es gibt zwei Schwierigkeiten, die durch Symptomstress hervorgerufen werden:

- Das präsentierte Problem C_1 ist nur darum ein Problem, weil die Person es irrigerweise dafür hält.
- Das präsentierte Problem C_1 kann nicht bearbeitet werden, weil die Person sich nicht zugesteht, es zu haben.

Irrtum und Abwehr

Der erste Fall tritt zum Beispiel ein, wenn sich jemand ein Gefühl wie etwa Ärger aufgrund seines Selbstideals nicht erlaubt. Der Ärger selbst mag ganz angemessen und moderat sein, aber die Person hält ihn für unakzeptabel.

Der zweite Fall tritt ein, wenn jemand ein echtes Problem hat, das durch einen iB hervorgerufen wird, sich damit aber nicht auseinandersetzen will, weil er es von vornherein tabuisiert. Zum Beispiel kann eine zwangsgestörte Person auf diese Weise eine Depression entwickeln. Ihr Depressions-ABC hängt wie der Waggon einer Eisenbahn am vorhergebenden Zwangs-ABC. Um den Zwangs-Waggon abzukoppeln, muss erst der Depressions-Waggon wegrangiert werden. Wenn das nicht geschieht, ist die Wahrscheinlichkeit sehr groß, dass die Person zwanghaft gegen ihren Zwang vorgehen wird.

Merksatz

- **Die Akzeptanz des Problems ist die notwendige Voraussetzung zur nachhaltigen Heilung bei psychischen Störungen!**

2.5.2. Das Vorgehen bei Verdacht auf Symptomstress

Bei jedem neuen präsentierten ABC gilt es darauf zu achten, ob Symptomstress im Spiel ist.

- *Hilfreiche Fragen: „Ich habe Ihr Problem (C) verstanden. Mir ist noch nicht ganz klar, warum dieses Problem ein Problem für Sie ist. Können Sie mir da helfen?" „Was denken Sie über Ihre Problem? Was macht es mit Ihnen?"*

Was hat Priorität?

Nicht grundsätzlich beansprucht vorhandener Symptomstress die Priorität. Aber wenn jemand zum Beispiel ein Disziplinproblem hat (C_1) und sich im Anschluss an das entsprechende Verhalten tagelang schwerste Vorwürfe macht (C_2), ist es wahrscheinlich angeraten, erst einmal diese Reaktion zum Gegenstand eines ABCs zu machen. Im Zweifelsfall sollte die Entscheidung darüber aber immer dem Klienten überlassen bleiben.

Wenn der Symptomstress zum Gegenstand des ABCs wird, wird das erste ABC zum neuen A. Das sieht also folgendermaßen aus:

A_2	B_2	C_2
$\{ABC\}_1$	Bewertung von $\{ABC\}_1$	Reaktion auf $\{ABC\}_1$

Beispiel

Beispiel:

A_2	B_2		C_2
$\{ABC\}_1$ = Disziplinproblem	cold:	„Versager!"	Depression
	hot:	Ich MUSS das Problem im Griff haben, sonst KANN ich mich selbst nicht annehmen!	

gesunder Abstand

Nicht selten erübrigen sich die Ausgangsprobleme C_1, wenn der Symptomstress der Akzeptanz gewichen ist. Der Druck ist nicht mehr da, den die Person sich aufgebaut hatte, um mit dem Problem fertig zu werden. Dadurch lässt auch der Stress erheblich nach. Die Person kann sich das Problem nun aus einem gesunden Abstand heraus betrachten und ohne den Anspruch, es unbedingt erfolgreich bewältigen zu MÜSSEN, damit umgehen. Das Problem verliert seine Brisanz und vielleicht löst es sich sogar ganz auf.

2.6. Die Disputation

Bis jetzt haben wir uns überwiegend mit der *Analyse* des Problems beschäftigt. Dafür stehen die Buchstaben ABC. Unser Ziel ist aber die *Veränderung* des Denkens und Verhaltens. Dafür stehen D und E.

„D" und „E"

- Als Disputation (D) wird die argumentative Auseinandersetzung mit der irreführenden Bewertung (iB) einer konkreten Situation (A) bezeichnet. Aus der Disputation geht die realistische Bewertung (rB) der Situation hervor.

Definition

- Je deutlicher sich die Disputation auf die Mussforderung der *Hot Cognition* bezieht, desto effektiver kann sie werden.

Merksatz

2.6.1. Sokratisches Fragen

Nicht erst in der Disputation, aber hier erst recht, geht es darum, so exakt wie möglich *logisch* vorzugehen. Darum passt auch das Wort „Disputation" für diesen Teil des ABCs. Disputationen sind grundsätzlich als wissenschaftliche Streitgespräche definiert.

exakt logisch

Ein wissenschaftliches Streitgespräch ist nur dann wirklich wissenschaftlich, wenn es auf Rechthaberei und manipulative Einflussnahme ganz verzichtet, fair und sachlich bleibt, und sich unter dieser Voraussetzung ausschließlich darauf konzentriert, die Wahrheit zu finden. In der Arbeit mit der ABC-Methode geht es dabei um *die Wahrheit aus der Perspektive des Klienten*. Wir helfen unseren Klienten bei der Suche ihrer eigenen Wahrheit in Bezug auf das konkrete Problem, mit dem sie es gerade zu tun haben. Das Kriterium für die Wahrhaftigkeit dieser Wahrheit ist die Stimmigkeit innerhalb des ABCs:

Die Wahrheit des Klienten

→ Wir können nachvollziehen, dass der Belief (B), der zu einer destruktiven Reaktion (uC) führt, eine Lüge ist, der die Person auf den Leim gegangen ist.
→ Der Logik nach ist der Schluss angemessen, dass es dort, wo eine Lüge behauptet wird, auch eine Wahrheit gibt.

- *Hilfreiche Frage: „Wir haben miteinander festgestellt, dass man die Bewertung (iB), die Sie zu dieser unangemessenen Reaktion veranlasst (uC), durchaus als 'Lüge' bezeichnen kann. Wenn nun diese Aussage eine Lüge ist, wie lautet dann die Wahrheit?"*

Die Stimmigkeit dieser Wahrheit zeigt sich daran, ob sie mit dem authentischen Bedürfnis (E) übereinstimmt, das in der Person durch die Herausforderung des Auslösers (A) aktiviert wird. Wir können davon ausgehen, dass die Glaubwürdigkeit des Ziels (E) dann tatsächlich gegeben ist, wenn nicht ersichtlich ist, dass dadurch wieder neuer Schaden entsteht. Das kann bereits dann zu Recht angenommen werden, wenn es sich bei E um ein erkennbar geringeres Übel handelt. Wir bearbeiten mit der ABC-Methode nichts anderes als konkrete Einzelsituationen, und die Lösungen, die wir dabei finden, beziehen sich allein auf diese. Wissenschaftlich gesehen handelt es sich dabei um einen *induktiven* Ansatz: Erst wenn wir die Wahrheit des einzelnen Problems richtig verstanden haben, ziehen wir daraus verallgemeinernde Schlüsse. Die Wahrheit des einzelnen Problems

Stimmigkeit

Konkretion

Induktion

besteht in der Stimmigkeit der Antwort (rB) auf die evidente Lüge (iB) in Ausrichtung auf das authentische Bedürfnis (E) der Person in dieser Situation (A). Darüber hinaus gehenden Wahrheitsansprüche verbinden sich *nicht* mit mit der ABC-Methode!

bescheidener Anspruch

Der Wahrheitsanspruch im Rahmen der Arbeit mit der ABC-Methode ist also durchaus bescheiden, aber ehrlich. Wir werden keinem E zustimmen, das erkennbar einen neuen iB enthält. Wir disputieren aber auch den Wahrheitsanspruch des Weltanschauungssystems, dem sich die Person verpflichtet glaubt, nur so weit, wie er für das konkrete ABC eine erkennbare Rolle spielt.

kein Überstülpen

Das alles impliziert, dass wir der Klientin oder dem Klienten unsere eigene Wahrheit in keiner Weise überstülpen, wenn wir sie auch als reine Objektivität und das Heil schlechthin ansehen mögen. Wir mögen uns wünschen, dass die Person auch zu dieser Wahrheit finden möchte, aber wir erlauben nur einen Weg dorthin: Sie muss sie als ihre *eigene* Wahrheit entdecken und verstehen. Darin liegt das Charakteristische der sogenannten „sokratischen Gesprächsführung", die speziell für die REVT wie auch die gesamte Kognitive Verhaltenstherapie grundlegend ist. Erstens erhob Sokrates an sich selbst den Anspruch, die Gespräche, in denen es um Fragen der Wahrheit ging, frei vom Vorurteil zu führen, diese bereits mitzubringen. So ist sein berühmter Satz „Ich weiß, dass ich nichts weiß" zu verstehen.

Sokrates

Merksatz

● Die sokratische Vorurteilslosigkeit, die im Satz „Ich weiß, dass ich nichts weiß" zum Ausdruck kommt, ist die notwendige Voraussetzung für eine wahrhaftige Anwendung der ABC-Methode aufseiten der beratenden Person.

dialogisch lernen

Zweitens sah Sokrates sich grundsätzlich als *Lernenden*. Sein eigenes vorläufiges Wissen erarbeitete er sich darum *dialogisch*, indem er andere nach *ihrer* Wahrheit fragte. Er prüfte die Antworten auf ihren logischen Gehalt und bildete sich sein eigenes Bild von der Wahrheit durch das, was ihm einleuchtete. Wenn sich ihm durch den Fortschritt des lernenden Nachdenkens im Dialog neue Einsichten enthüllten, die bisherige Erkenntnisse korrigierten, relativierte oder verwarf er diese.

sokratischer Dialog

Die sokratische Gesprächsführung, zu der man zu Recht auch *sokratischer Dialog* sagt, hat somit einen doppelten Effekt: Beide lernen dabei, der Fragende wie der Befragte. Voraussetzung dafür ist, dass der Fragende *ehrlich* fragt, weil er fair und sachlich einen logischen Zusammenhang erfassen möchte, der ihm noch nicht klar ist.

> ● *Hilfreiche Frage: „Ich möchte mir nicht anmaßen, Ihre Behauptung zu hinterfragen, aber ich möchte besser verstehen, was Sie da sagen, weil ich die Logik darin noch nicht begreife. Meiner eigenen Logik nach passt das, was diese Stimme in Ihnen behauptet, überhaupt nicht mit dem zusammen, worauf Sie selbst eigentlich hinaus wollen. Können Sie mir bitte helfen?"*

Maieutik

Sokrates, dessen Mutter Hebamme war, nannte diese Art der Gesprächsführung „Hebammenkunst" (Maieutik). Durch das vorurteilslose, faire und ehrliche Fragen nach der logischen Wahrheit in den Äußerungen des Gesprächspartners enthüllt sich diesem selbst durch einen Prozess, der mit einer Geburt (manchmal

einer schweren) vergleichbar ist, die eigene Wahrheit. Es ist schmerzhaft, wenn man man dabei einsehen muss, dass die bisher dafür gehaltene Wahrheit eine Lüge war. Es ist aber zugleich auch befreiend, die Lüge zu entlarven, weil sie uns immer versklavt, wenn sie uns heimlich beherrscht.

Entscheidend kommt es hier, wie bei aller authentischen Seelsorge, Beratung und Therapie, auf die *Haltung* an. Ein guter Berater erhebt den Anspruch gegen sich selbst, bescheiden genug zu sein, um seinem latent stets drängenden Hang zur Besserwisserei zu widerstehen. Nur die ehrliche Überzeugung, dass die eigene Kompetenz nicht über den Hebammendienst hinausgeht, legitimiert seine Tätigkeit. Er verfügt nicht über die Wahrheit seiner Klientel, und das bedeutet: Sie darf wirklich anders aussehen als seine eigene, wenn sie nur wahrhaftig, also innerhalb des jeweiligen ABCs stimmig ist. Wenn er aber solchen Wahrheiten begegnet, die bislang nicht in seinem Erkenntnisspektrum lagen, nimmt er sie dankbar lernend als Horizonterweiterung auf.

die Haltung

2.6.2. Die Frage nach dem Worst Case

Wichtig für die Effektivität der Disputation ist es, die Analyse der Hot Cognition nicht oberflächlich zu betreiben, sondern wirklich zu ergründen, worin tatsächlich der Brennpunkt der emotionalen „Hitze" dieses Gedankens liegt.

● *Hilfreiche Frage: „Wenn nun aber tatsächlich das eintreten würde, was Ihrer Mussforderung zufolge auf gar keinen Fall eintreten DARF; wie sähe das dann aus?"*

der schlimmste Fall

Wir stellen also die Frage nach dem schlimmsten Fall, auf Englisch: nach dem worst case. Damit gehen wir nicht nur dem iB auf den tiefsten erkennbaren Grund, sondern wir beherzigen auch konsequent das Prinzip, das für die gesamte REVT gilt:

● **Man kann nur das konkret verändern, was man konkret wahrnimmt.**

Merksatz

Es kommt zwar darauf an, den Klienten an dieser Stelle nicht zu überfordern. Behutsamkeit und Takt sind erforderlich; er soll sicher sein, nie mehr preisgeben zu müssen, als er wirklich selbst will. Wir können aber dazu ermutigen, auch dort, wo er beträchtliche Angst hat, „ein Fass aufzumachen". Die Angst ist sehr verständlich, was wir auch empathisch zum Ausdruck bringen, denn jeder iB tabuisiert das völlig, wovor er angeblich schützen möchte, in Wirklichkeit schützt er sich selbst aber dadurch vor der Entlarvung. Im Klienten werden fantastische Warnungen laut: „Schau da bloß nicht hin, das hältst du nicht aus!" Wenn er aber den Mut findet, sich dennoch vorzustellen, was der Propaganda seines iBs zufolge in jenem schlimmsten Fall tatsächlich passieren würde, zeigt sich, dass die Horrorszenarien, in die er eingehüllt ist, der Realität nicht entsprechen. Der schlimmste Fall mag wirklich schlimm sein, aber fast immer ist er nicht so schlimm, wie der iB behauptet, und sehr oft ist er sogar relativ leicht zu bewältigen. Jedenfalls gibt es für jeden realistisch betrachteten schlimmsten Fall eine Weise des vernünftigen Umgangs: Im ABC ist das ein bedürfnisrelevanter rB.

das iB-Tabu brechen

Bewältigungswege

Darin liegt die Bedeutung der Frage nach dem Worst Case für die Disputation. Wenn selbst für den schlimmsten Fall ein Bewältigungsweg gefunden werden kann, der zwar nicht angenehm ist, wohl aber vernünftig und gut, dann ja wohl gewiss auch für alle weniger schlimmen Fälle. Realistisch gesehen ist der schlimmste Fall meistens höchst unwahrscheinlich und mit der Wahrscheinlichkeit, dass etwas von dem, wovor der iB so eindringlich warnt, eintritt, wächst auch das Spektrum der Bewältigungsmöglichkeiten.

In Ruhe hinschauen

In den Fantasien der iBs gibt es allerdings keinen Ausweg, wenn der schlimmste Fall eintritt. Ob das tatsächlich zutrifft, lässt sich erst feststellen, wenn sich die Person erlaubt, das Worst-Case-Szenario in Ruhe zu betrachten. Man kann keine Lösungen für Probleme finden, die man sich nicht genau anschaut. Eine großen Teil ihrer Macht erhalten die iBs dadurch, dass sie eindringlich behaupten, alle Türen seien verschlossen und zugleich verbieten, neue Lösungsmöglichkeiten auszuprobieren.

● *Hilfreiche Fragen: „Warum eigentlich nicht?" „Wer sagt denn das?" „Und wenn... ?" „Was würde denn passieren, wenn sie sich das erlauben würden?"*

2.6.3. Die Formen der Disputation

neue Überzeugung

Es geht in der Disputation darum, die Glaubwürdigkeit des iB, die bereits durch die Analyse des ABCs stark erschüttert sein dürfte, wie bei einer fairen Gerichtsverhandlung einer strengen Prüfung zu unterziehen und zugleich eine neue Überzeugung (rB) aufzubauen, die so stark ist, dass sie in neuen ähnlichen Situationen (A) ein anderes Zielverhalten (aC und E) erlaubt. Die lediglich verneinende Auseinandersetzung mit den iBs genügt nicht, um sie zu überwinden, mitunter, bei Zwangsgedanken beispielsweise, kann ihre Macht dadurch sogar noch verstärkt werden, weil man nicht aufhört, sich mit ihnen zu beschäftigen. Wenn man in der Mathematik ein Minus vor eine Klammer setzt, verändert das die Werte in der Klammer nicht. Die Klammer muss aufgelöst werden. Psychologisch geschieht das nur, wenn das Minus einen positiven Wert besitzt. Es reicht nicht hin, festzustellen, dass der iB nicht die Wahrheit sagt. Entscheidend kommt es darauf an, exakt festzustellen, welche Aussage (rB) im genauen Geggensatz zum iB glaubwürdig ist.

Merksatz

● **Denken lässt sich nur durch Denken verändern! Wer destruktive Gedanken überwinden will, braucht dazu überzeugende konstruktive Gedanken.**

Gewohnheitsrecht

Die iBs machen das Gewohnheitsrecht für sich geltend. Oft nicht ganz zu Unrecht behaupten sie, „schon immer" dagewesen zu sein. Daraus leiten sie den Anspruch ab, ihr Opfer sei ihnen auch zu bleibendem Gehorsam verpflichtet. Einerseits ziehen sie daraus ihre Überzeugungsmacht, andererseits aus der Tatsache, dass sie meist tief in unserer Gefühlswelt verankert sind. Die iBs repräsentieren in der Regel unsere „wunden Punkte", entstanden durch emotionale Verletzungen, die weit in die Kindheit zurückreichen können.

wunde Punkte

Es handelt sich bei den iBs lediglich um Gedanken, aber es scheint uns, als besässen sie so starkes emotionales Gewicht, dass wir uns gar nicht gegen sie wehren können. Klienten pflegen dann zu sagen: „Ich weiß zwar im Kopf, dass es nicht wahr ist, aber mein Gefühl sagt mir etwas anderes." Das emotionale Gewicht besitzt der iB aber nur aufgrund seiner scheinbaren Glaubwürdigkeit. In dem Maß, in dem der rB an Überzeugungskraft gewinnt und dadurch der iB an Glaubwürdigkeit verliert, gewinnt der rB auch an emotionalem Gewicht.

Gefühl gegen „Kopf"

Mit Hilfe des „alternativen Drehbuchs" der erfolgreichen Reaktion (aC und E) auf die Herausforderung (A) entwickeln wir in der der Disputation (D) ein *Gegenmodell* zum gewohnten emotionalen Muster des iB. Dieses Modell ist die notwendige Voraussetzung der erfolgreichen Bewältigung, vergleichbar mit dem Modell eines Klavierstücks, das zunächst nur „rein theoretisch" in Noten besteht. Die Disputation ist der erste Schritt des Transfers von den Noten auf die Tasten. Wenn die richtigen Tasten einmal gefunden sind und angeschlagen wurden, kann man auch schon etwas davon hören, wie das Stück einmal klingen wird, wenn es eingeübt ist. Dadurch gewinnt das Modell erste emotionale Überzeugungskraft. Der Rest ist Üben. Die Lernschritte müssen gar nicht groß sein, wesentlich ist, dass sie stattfinden und dass es Fortschritt gibt. Genau wie durch die wiederholte *Ent*mutigung ausbleibender Erfolgserlebnisse wegen der Effekt der *sich selbst erfüllenden Prophezeiung* eintritt, die besagt, dass der Widerstand gegen den iB zwecklos ist, tritt auch der gegenläufige Rückkopplungseffekt ein, wenn Erfolgserlebnisse zustande kommen (Abbildung 9). Wenn es bei der logischen Disputation bleibt, wird sich die erstrebte Veränderung kaum einstellen.

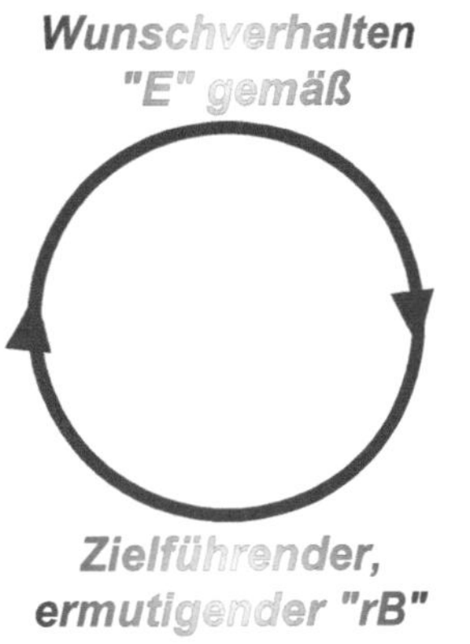

neues Drehbuch

Abbildung 9: Ermutigung führt zum Erfolg und Erfolg ermutigt

der Rest ist Üben

Rückkopplung

Da jeder iB seine Kraft aus dem Unerträglichkeitsmythos zieht, räumt keiner ein, dass der konsequente Widerstand gegen ihn auszuhalten sei. Klienten, die an der Schwelle des Transfers von der logischen Disputation zur Verhaltensänderung stehen, seufzen oft, wenn sie sich vorstellen, dem Wegweiser des rB folgend den schmalen Pfad direkt von A nach E einzuschlagen, statt wie gewohnt dem iB folgend auf dem breiten Weg in die nächste Sackgasse zu geraten (vgl. Abbildung 3). Paradoxerweise kommt ihnen die realistische Alternative zur destruktiven Reaktion unrealistisch vor: Viel zu schwer, um das zu schaffen! Weil sie immer noch unter dem Einfluss ihres iB stehen, verwechseln sie „herausfordernd" mit „unerträglich", „schwer" mit „unmöglich" und bleiben dadurch unter dem betrügerischen Diktat der Mussforderung.

der schmale Pfad

● „Schwer" heißt nicht „unmöglich"!

Merksatz

Der Transfers von der Disputation zum Verhalten vollzieht sich schrittweise. Die *logisch-argumentative Disputation* erstellt zunächst das theoretische Modell. Sie bleibt dabei aber nicht auf der abstrakten Ebene des rationalen Theoretisierens. Im Bild gesprochen: Der Klavierunterricht findet am Klavier statt; die Noten haben ihren Zweck darin, gespielt zu werden. Auf die Disputation bezogen heißt das konkret, dass nicht nur der iB im Vollzug der Arbeit mit dem ABC in Form von stark emotional geprägten Fantasien auftritt, sondern auch der rB sich

keine blasse Theorie

letztendlich nur durchsetzen wird, wenn er nicht nur in blassen rationalen Erwägungen besteht, sondern so lebendig und emotional wie möglich fantasiert wird, was es bedeutet, wenn er den Weg zum gewünschten Ziel (E) frei macht. Wenn wir das in der Disputation fokussieren, verlagert sich ihr Schwerpunkt von der etwas abgehobenen Ebene rationaler Erwägungen auf die authentischere Ebene der Emotionalität, ohne deswegen das logische Prinzip des sokratischen Fragens zu vernachlässigen. Man kann das gegebenenfalls auch durch *Visualisierungstechniken* verstärken.

Imagination

Fantasien sind bildhafte Vorstellungen. Dazu sagt man auch *Imagination*. Die emotional vertiefende Form der Disputation, mit der wir uns der realen Umsetzung des „alternativen Drehbuchs" (E) im Alltag annähern, kann man darum auch die *imaginative Disputation* nennen.

Die Advocatus-Diaboli-Disputation

Advocatus Diaboli

Eine effektive Technik der *imaginativen Disputation* ist das *Advocatus Diaboli* - Rollenspiel. Der Begriff „Advocatus Diaboli", zu Deutsch „Anwalt des Teufels", entstand in den juristischen Verfahren zur Heiligsprechung der Katholischen Kirche. Es ging darum, auf dem Weg zur Heiligssprechung den Argumenten eine Stimme zu geben, die *dagegen* sprechen. Von dorther hat sich der Begriff für alle möglichen Argumentationen dieser Art etabliert: Eine Person, die selbst nicht zum feindlichen Lager gehört, schlüpft in die Rolle eines Feindes oder Verklägers, um den anderen Teilnehmern einer Diskussion zu helfen, durch die Auseinandersetzung damit ihre eigenen Argumente zu schärfen. Ein erhellende Illustration dazu ist der *Sparringspartner* in Kampfsportarten wie dem Boxen. Er fordert den Trainierenden heraus, aber er überfordert ihn nicht. Es wäre sehr kontraproduktiv, wenn er ihn verletzen würde.

Sparringspartner

Voraussetzungen

Vorauszusetzen für den Einsatz dieser Technik im Rahmen der Disputation ist erstens, dass der Klient klar zwischen sich selbst und seinem iB unterscheidet und dass er diesen sehr deutlich als Feind identifiziert hat, vor dem er nicht den geringsten Respekt haben muss. Er sollte fest entschlossen sein, den iB nicht mehr über sich herrschen zu lassen.

Verteidigung

Die trainierende Person wird angewiesen, die Rolle ihrer eigenen Verteidigung zu übernehmen. Sie wird ermutigt, dies in aggressiver Weise mit aller verfügbaren Emotionalität zu tun. Sie darf frei experimentieren, laut werden, aufstehen oder den Advocatus Diaboli hinauswerfen. Natürlich muss dabei dessen Unversehrtheit gewährleistet bleiben...

der innere Kampf

Durch die Advocatus Diaboli - Technik wird der innere Kampf der Person gegen ihren iB nach außen verlagert. Dadurch wird transparent, wo die Stärken und Schwachstellen dieses Kampfes liegen. Meistens kämpfen die Betroffenen ja schon lang und nicht selten verzweifelt gegen ihren inneren Diktator an. Sie hatten bisher nur noch nicht die schlagkräftigen Argumente dafür gefunden, ihm den Gehorsam nachhaltig aufzukündigen, und sie haben noch keine wirksame Methode gefunden, ihn zum Schweigen zu bringen. Ersterem dient die Vorarbeit des ABCs, Letzterem der „Sparringskampf".

Wenn die Unglaubwürdigkeit der Scheinlogik des iB einmal grundsätzlich entlarvt wurde, lohnt es sich nicht mehr, mit ihm zu diskutieren. Die wirksamsten Argumente gegen die demagogischen Einflüsterungen und Drohungen des iB können darum durchaus in sehr einfachen Maßnahmen bestehen, wie zum Beispiel der aggressiven, stereotyp wiederholten Aufforderung „Lass mich in Ruhe mit dem Quatsch" oder auch dem schlichten Ignorieren. Wesentlich ist, die Übungssequenzen rechtzeitig zu unterbrechen, um die zurückliegende Kampfrunde gemeinsam zu reflektieren. Entscheidend ist dabei ist nicht, was die trainierende Person argumentativ gegen ihren iB unternommen hat, sondern wie gut ihr der Transfer vom „Kopfwissen" zur gefühlten Überzeugung gelungen ist. Im Anschluss an die Übung ist zu besprechen, wie die Person den Erfolg in realen Alltagssituationen umsetzen kann, die dem Auslöser (A) des untersuchten ABCs ähneln, weil dort derselbe iB mit derselben emotionalen Reaktion (C) aktiviert wird. Daraus lassen sich entsprechene *Hausaufgaben* ableiten.

einfache Mittel

Reflexion

Umsetzung

Die Disputation durchläuft also, schematisierend gesagt, drei Phasen: Von der sachlichen Modellierung in der Theorie über die Auseinandersetzung der emotionalen Imagination zur Erprobung im Ernstfall einer realen Alltagssituation, die man auch als *Verhaltensdisputation* bezeichnen kann. Letztere ist entscheidend für die Überzeugungskraft des neuen Modells.

Verhaltensdisputation

● **Entscheidend wichtig für die Überzeugungskraft des „rB" ist die wiederholte Erfahrung im realen Alltag, dass es sich lohnt, seiner Direktive zu folgen.**

Merksatz

2.6.4. Das hedonistische Kalkül

Wir haben uns noch nicht genau genug mit der Frage auseinandergesetzt, was eigentlich in einer bestimmten Situation als „schädigend" und „nützlich" anzusehen ist. Vieles, was nützlich aussieht, erweist sich als schädigend, und bei vielem, was zunächst den Eindruck des Schädigenden macht, zeigt sich im Nachhinein, dass es doch nützlich war. Im realen Leben heißt vernünftig reagieren zudem oft, zwischen einem größeren und einem geringeren Übel zu wählen.

Nützlichkeit

Entscheidend für die Antwort auf diese Frage in einer konkreten Situation (A) ist das „E". Vom Ziel her zeigt sich der Weg. Welche emotionale Reaktion (aC) wäre alternativ zur emotionalen Sackgasse (uC) im Nachhinein optimal gewesen, um ein bedürfnisrelevantes Ergebnis (E) zu erreichen?

das Ziel

> ● *Hilfreiche Frage: „Schreiben Sie das Drehbuch Ihrer Reaktion (uC) neu, ohne den Auslöser (A) zu verändern. Wie sähe Ihre optimale Reaktion (aC) aus, deren Ergebnis (E) sie als wirklich erfolgreich bezeichnen würden?"*

Die Antwort auf diese Frage ist mitunter gar nicht so leicht zu finden, insbesondere dann, wenn einer Person noch gar nicht in den Sinn gekommen ist, dass es für ihr Problem auch eine andere Lösung als die der Sackgasse geben könnte. Das sind Menschen, die sich damit abgefunden haben, wie Sisyphus und Tantalos, die tragischen Figuren des griechischen Unterweltsmythos, dazu verdammt zu sein, sich endlos plagen zu müssen, ohne die Früchte des Erfolgs genießen zu dürfen. Oder es sind Menschen, die sich einbilden, irgendwann doch noch den

keine Lösung?

Durchbruch zu schaffen, wenn sie sich (und andere) nur weiter damit quälen, wie mit einem Rammbock gegen die Mauer zu rennen, an der die Sackgasse endet. Drittens sind es Menschen, die aus ihrer Not eine Tugend gemacht haben und die schädigende Wirkung ihrer emotionalen Reaktion bislang schlichweg geleugnet haben.

hedonistisches Kalkül

Um Klarheit über die nützliche oder schädigende Zielrichtung der emotionalen Reaktion zu erhalten, arbeitet man in der REVT mit dem sogenannten „*hedonistischen Kalkül*". Das einfache Schema führt das ebenso einfache Grundprinzip sowohl der Entstehung der meisten seelischen Störungen wie auch ihrer Überwindung vor Augen (Abbildung 10):

Störung

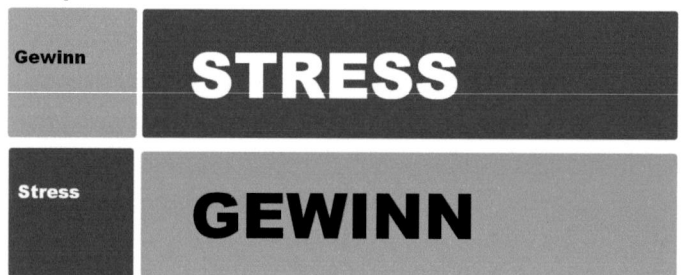

Abbildung 10: Kurzfristige kompensatorische Stressvermeidung hat viel Stress zur Folge, kurzfristiges Aushalten hingegen nachhaltige Entlastung.

Therapie

das Bequemere

→ Störungen entstehen, wenn wir uns daran gewöhnen, auf bestimmte herausfordernde Situationen (A) auf eine Weise zu reagieren, die nicht zu wirklicher Bewältigung (aC) führt, dafür aber bequemer ist (uC), wobei das „Bequeme" durchaus nicht von angenehmen Gefühlen begleitet sein muss, aber immer unter der Voraussetzung des irrigen Glaubens (iB) gewählt wird, dass die Begleiterscheinungen und Folgen weniger unangenehm sind als das, was passiert, wenn man sich der Herausforderung stellt.

→ Störungen werden überwunden, wenn wir nicht mehr die bequemere Variante wählen, sondern uns der herausfordernden Situation erfolgreich stellen.

Formelhaft gesagt:

Merksatz

● **Kurze Lust ⇨ langer Frust   Kurzer Frust ⇨ lange Lust**

Hedonismus

Dieses Wortspiel hilft zu verstehen, warum man in der REVT „hedonistisches Kalkül" zu solchen Überlegungen sagt. Der Hedonismus gilt gemeinhin als die Ethik des Lustprinzips, deren höchster Wert im unmittelbaren Genuss besteht. Gerade das entlarvt sich aber mit unserem Modell als hochgradig schädigend! Andererseits haben wir die Emotion, das also, was uns zu einem Verhalten motiviert, als „bedürfnisrelevanten Bewertungszustand" definiert. Damit behaupten wir, dass jede Reaktion (C) auf jeglichen Reiz (A) in der Ausrichtung auf ein Bedürfnis (E) erfolgt und die Bewertung (B) in der Einschätzung besteht, wie (E) in

Bezug auf (A) zu erreichen ist. Sowohl die Vorstellung als auch die Erfahrung der Erfüllung eines Bedürfnisses darf man ruhigen Gewissens als *Freude* bezeichnen, und Freude ist immer eine Lusterfahrung, denn man kann sich nicht freuen, ohne ein Lustgefühl dabei zu empfinden.

Freude

Mit dem Schema des *hedonistischen Kalküls* unterscheiden wir also zwischen kurzfristigen und langfristigen Bedürfniszielen. Die langfristigen müssen nicht unbedingt höheren Wert besitzen. Aber wenn eine langfristige Erfüllung für den Einzelnen wertvoller ist als eine kurzfristige, dann lohnt es sich für ihn, auf die kurzfristige zu verzichten. Auch wenn Bedürfniskonflikte auftreten, bildet die langfristige Perspektive das „Zünglein an der Waage": Welche Folgen wird die kurzfristige Erfüllung der einen oder der anderen Alternative haben? Womit ist meinen höchsten Bedürfnissen, also meinen höchsten *Werten*, im Blick auf diese konkrete Situation (A) jetzt am besten gedient? Es zeigt sich hiermit also, dass eine hedonistische Zielperspektive dieser Art keineswegs in Widerspruch zu einer Ethik wie der christlichen stehen muss, die sich von höchsten Werten ableitet.

Bedürfnisziel = Wert

Das Erreichen bedürfnisrelevanter Ziele werden wir wohl ganz einfach als *„seelische Gesundheit"* bezeichnen dürfen. Der *Angst* als Grundgefühl der seelischen Störung und Erkrankung steht die *Freude* als Grundgefühl der seelischen Gesundheit gegenüber. Analog zu den drei Grundformen des unangenehmen Gefühls der Angst lassen sich auch drei Grundformen des angenehmen Gefühls der Freude unterscheiden:

seelisch gesund

Bewertung	Einschätzung	Gefühl	Intention	Ziel
Gewinn! ▸	Ich werde es bekommen! ▸	Lust ▸	Verlangen ▸	erfülltes Bedürfnis
	Ich bekomme es! ▸	Genuss ▸	Verinnerlichen ▸	
	Ich habe es bekommen ▸	Befriedigung ▸	Verarbeiten ▸	

Grundgefühl Freude

Lust als Begehren, Genuss und Befriedigung sind wie Furcht, Agression und Depression drei unterschiedliche Erscheinungsweisen desselben Phänomens. Freude ist immer Lust und darum immer eine hedonistische Erfahrung.

→ *Literaturverweise*

Literatur

Zur Sokratischen Gesprächsführung

Birnbacher, Dieter, Krohn, Dieter (Hg.), *Das sokratische Gespräch* (Philipp Reclam jun.: Stuttgart, 2002)

Stavemann, Harlich H., *Sokratische Gesprächsführung in Therapie und Beratung: Eine Anleitung für Psychotherapeuten, Berater und Seelsorger*, 2., vollständig überarb. u. erw. Aufl. (Beltz, Psychologische Verlags Union, 2007)

Willberg, Hans-Arved, *Grundlagen der seelsorgerlichen Gesprächsführung*, Lehrbücher aus dem Institut für Seelsorgeausbildung (ISA), Bd. 1 (Books on Demand: Norderstedt, 2010)

Zum verantwortlichen Hedonismus

Aristoteles, *Nikomachische Ethik*, Übersetzung u. Nachwort v. F. Dirlmeier, Anmerkungen v. E.A. Schmidt (Philipp Reclam jun.: Stuttgart, 1969)

Cicero, Marcus Tullius, *De officiis: vom pflichtgemäßen Handeln,* lat. u. deutsch, übersetzt, kommentiert u. hg. v. H. Gunermann, durchgesehene u. verbess. Aufl. (Philipp Reclam jun.: Stuttgart, 1984 [1976])

Epikur, *Briefe, Sprüche, Werkfragmente*, Griech./Deutsch, übersetzt u. hg. v. H.-W. Krautz, bibliograph. erneuerte Ausg. (Philipp Reclam jun.: Stuttgart, 2000)

Mausbach, Joseph, *Grundlage und Ausbildung des Charakters nach dem Hl. Thomas von Aquin*, 2. u. 3., bedeutend erw. Aufl. (Herder & Co.: Freiburg i.B., 1920)

Thomas von Aquin, *Über sittliches Handeln: Summa theologiae I-II q. 18-21*, lateinisch/deutsch, übers., komm. u. hg. v. R. Schönberger, Einleitung v. R. Spaemann (Philipp Reclam jun.: Stuttgart, 2001)

Aufgaben 04

Bearbeitungszeit: 0,5 Credits = 15 Stunden Bitte senden Sie die Antworten an info@isa-institut.de. Geben Sie zu den Antworten die Ziffer der Aufgabenreihe oben im Balken und jeweils die Nummer der Frage an.

1. Wie lässt sich Ihrer Erkenntnis nach die Dynamik der Angststörungen mit Hilfe des Symptomstress-Modells erklären?

2. Experimentieren Sie mit dem Symptomstress-Modell. Rekonstruieren Sie aus eigenen Erfahrungen oder aus wahrgenommenen Erfahrungen anderer das Zusammenwirken mehrerer ABCs, unter denen auch Symptomstress-ABCs sind. Überlegen Sie, wie Sie mit der ABC-Methode vorgehen würden, um diese Komplexe aufzulösen. Greifen Sie ein Beispiel heraus und beschreiben Sie das Problem und die Vorgehensweise. Sie können dazu die Abkürzungen und die schematische Darstellungsweise verwenden, die auch im Text gebraucht werden.

3. Führen Sie eine Worstcase-Übung durch. In der REVT nennt man solche Übungen „Shame attacks" und „Risikoübung". Machen Sie sich zuerst ein ABC von einem Sozialverhalten, vor dem Sie sich fürchten, das aber tatsächlich weder Sie selbst noch andere schädigt. Mit anderen Worten: Überlegen Sie sich irgendetwas mehr oder weniger Verrücktes, das eigentlich harmlos ist, das Sie aber vermeiden, weil Sie es gar nicht gewöhnt sind. Lassen Sie Ihrer Fantasie freien Lauf - es gibt sehr viele Möglichkeiten dazu! Wenn es ein Verhalten ist, das niemand Schaden zufügt, können Sie davon ausgehen, dass ein iB für die empfundene Blockade verantwortlich ist. Gehen Sie dem iB auf den Grund und disputieren Sie ihn mit der Worst-Case-Frage. Bilden Sie sich ein „Drehbuch" (E) davon, wie Sie die Situation sehr gut bewältigen. Fassen Sie danach Ihre Erfahrungen in einem Bericht zusammen.

4. Experimentieren Sie mit der Advocatus-Diaboli-Technik. Am besten bitten Sie eine Person Ihres Vertrauens, für Sie „Sparrings-Partner" zu sein. Führen Sie das Experiment auf spielerische Weise durch und überfordern Sie weder sich selbst noch andere damit. Wenn Sie es sich noch nicht zutrauen oder niemand zur Verfügung steht, verwenden Sie die Spaltentechnik: In die eine Spalte schreiben Sie die iB-Argumente, in die andere die rB-Entgegnungen. Schreiben Sie einen zusammenfassenden Bericht über ihre Erfahrungen damit.

5. Lesen Sie noch einmal den Abschnitt 2.6.4. über das Hedonistische Kalkül durch und fassen Sie aus dem Gedächtnis zusammen, worum es dabei geht. Bilden Sie sich Ihre eigene Meinung dazu. Was denken Sie über dieses Modell?

3. Kognitive Seelsorge und Gottesbild
Gesunder und kranker Glaube

3.1. Die ABC-Methode in christlicher Terminologie

3.1.1. Der Teufel und die Sünde

In der Seelsorgebewegung der *Wüstenväter*, einem sehr frühen Vorläufer der Kognitiven Seelsorge, wurden die irreführenden Bewertungen mit Einflüsterungen des Teufels identifiziert. Das entspricht durchaus neutestamentlicher Theologie. Jesus bezeichnet den Teufel als den „Vater der Lüge" (Joh 8,44). Er wir als „Verkläger" der Glaubenden beschrieben (Off 12,10; vgl. Sach 3,1ff), im Gegensatz zu Christus, ihrem Fürsprecher und Anwalt (1Joh 2,1; Hb 4,14-16). Doppelzüngig wie eine Schlange verführt der Teufel zur Sünde. Dem gilt es unnachgiebig zu widerstehen (Lk 4,1-13; 1Pt 5,8f; Jk 4,7).

Einflüsterungen

Es kann hilfreich sein, die iBs aus diesem theologischen Zusammenhang heraus zu deuten, sofern es zur Erkenntnis dient, dass sie dem Wesen nach destruktiv sind und keinerlei Respekt verdienen. Voraussetzung dafür ist aber, dass die Personifizierung des Teufels entweder Teil der religiösen Denkwelt des Betroffenen selbst ist oder dass er den „Teufel" als unterstützende Metapher begreift, so wie man beispielsweise den iB auch als „inneren Mafioso" bezeichnen kann. Kontraproduktiv ist die Rede vom Teufel als dem Verursacher der iBs aber,

Vom Teufel reden?

- wenn die Verantwortung für die Macht der iBs an den Teufel und die Verantwortung für ihre Überwindung an den Heiligen Geist delegiert wird,
- wenn die iBs nicht aus dem entwicklungspsychologischen Zusammenhang der Person gedeutet, sondern dämonisiert werden als buchstäbliche Einflüsterungen des Teufels hier und jetzt,
- wenn damit gewisse rituelle Maßnahmen mit mehr oder weniger exorzistischem Charakter verbunden werden,
- wenn die Auseinandersetzung mit dem Teufel in den Zusammenhang esoterischer Erkenntnisse über das Reich des Bösen gestellt und von dorther gedeutet wird,
- wenn der Wille und die Fähigkeit zum Widerstand der Person gegen die Macht der iBs in Zweifel gezogen werden, indem ihr unterstellt wird, dem Teufel und der Sünde in irgendeiner Weise willkürlich Raum zu geben und darum selbst schuld an dem Problem zu sein,
- wenn in Letzterem der Grundzustand eines Menschen schlechthin gesehen wird, der nicht der eigenen Glaubensrichtung angehört, und dadurch die Dämonisierung von iBs „evangelistisch" instrumentalisiert wird: nur durch die Absage an den Teufel könne der Ungläubige die iBs bezwingen und sich danach auch präventiv vor ihnen schützen und therapeutisch die Heilung der Spuren erfahren, die sie in ihm hinterlassen haben.

Kontraindikationen

Weil es sich bei dieser relativ langen Reihe der Einwände nicht um Spitzfindigkeiten handelt, sondern um Sichtweisen und Maßnahmen, die bis heute in der christlichen Seelsorge weit verbreitet sind, ist insgesamt auch dort, wo theolo-

Vorsicht geboten

gisch ein personifizierter, mit Macht ausgestatteter Teufel angenommen wird, große Zurückhaltung angebracht, diese Ansicht argumentativ in der Kognitiven Seelsorge zur Anwendung zu bringen. Nicht zuletzt Klienten mit psychischen Störungen wie Manien, Depressionen, Zwangsvorstellungen, schweren Abhängigkeiten und insbesondere Psychotiker können sehr empfänglich dafür sein und fatale Schlüsse daraus ziehen.

Von „Sünde" reden? Entsprechendes gilt für die Verwendung des Begriffs „Sünde", der sich theologische durchaus überzeugend für den Irrweg in die Sackgasse hinein anbietet, denn *hamartia* als als das neutestamentliche Wort für „Sünde" meint genau dieses: eine „Zielverfehlung" als Folge des Abirrens vom richtigen Weg. Wenn der Betroffene die paulinische Selbstwahrnehmung teilt, dass er das Gute, das er will, bedauerlicherweise nicht erreicht, weil die Sünde als eine ihm wesensfremde Macht ihn daran hindert (Rö 7), und wenn er mit Paulus diese leidvolle Erfahrung in den Zusammenhang der befreienden, rechtfertigenden Akzeptanz durch den absolut barmherzigen Gott bringt (Rö 8), kann die Definition des Irrwegs als Sünde angemessen und heilsam sein. Das sollte man aber keinesfalls generalisieren. Zu sehr wird im Allgemeinen mit dem Begriff „Sünde" ein böser Wille und ein moralisch verwerflicher Charakter assoziiert. Ganz überwiegend wird Sünde als Ausdruck für die Schlechtigkeit und Boshaftigkeit des Menschen verstanden: Das Sündigen ist demnach das böse Werk des Sünders, an dem er Freude hat, weil er sich Gott nicht fügen will, und weswegen er eigentlich, weil er durch und durch verdorben und nichts Gutes an ihm ist, in die Hölle gehört. Man mag diese augustinische Auffassung, die in der Theologie eine sehr starke Tradition hat, dogmatisch vertreten, bedenklich ist es jedoch, sie zum therapeutischen Prinzip zu machen.

Zitat ● „Besonders das Christentum vertritt eine sehr gesunde Auffassung von Gnade: Es akzeptiert den Sünder, nicht aber die Sünde." Albert Ellis

Dort, wo ein moralistisches Sündenverständnis vorherrscht, wird sehr großer Wert darauf gelegt, die seelischen Probleme „beim Namen" nennen. Man solle nicht verharmlosend „psychische Störung" oder dergleichen dazu sagen, sondern Klartext sprechen und darum das Wort „Sünde" dafür verwenden. Nach dieser Konzeption hängt ungeheuer viel an der sprachlichen Bezeichnung des Phänomens. Man meint, dass man ihm nur gerecht wird, wenn man es „richtig" *Was ist richtig?* benennt. Die Frage ist aber, wer im Einzelfall definiert, was „richtig" ist. Mit mindestens ebenso gutem Grund könnte man sagen, dass die „richtige" Benennung für Verhaltensweisen, die man traditionell als „Sünde" bezeichnet hat, im Kontext Psyche und Verhalten nur durch präzise psychologische Begriffe „richtig" beschrieben wird. Dann lautet die sokratische Frage: „Was meinst du genau, wenn in diesem Fall von 'Sünde' sprichst?" Eine Antwort könnte zum Beispiel lauten: „Dass die Person sich selbst und anderen dadurch erkennbar Schaden zufügt und damit auch ihrem spirituellen Bedürfnis keinen guten Dienst tut." Auf diese Weise lösen sich die Gegensätze zwischen theologischer und psychologischer Sprechweise auf.

die Sprechweise Viele gläubige Menschen sind es aber gewöhnt, in theologischen Begrifflichkeiten zu denken und zu sprechen. Darauf kann man ohne irgendeinen Abstrich an der ABC-Methode und ohne Heuchelei sehr gut eingehen, wenn man sich be-

wusst macht, dass der Unterschied nicht inhaltlicher, sondern nur terminologischer Natur ist. Wichtig ist dabei allerdings, sicher genug zu sein, dass der Anteil gesunden Glaubens bei der Person, die in dieser Denkwelt lebt, groß genug ist. Sollte der „Wille Gottes" als Ziel der Disputation zu stark im Widerspruch zum tatsächlichen Bedürfnis dieser Person stehen, wäre es entweder sinnvoller, zunächst ihr Gottesbild einem ABC zu unterziehen, oder aber einen anderen methodischen Zugang zur Klärung des Problems zu wählen.

Das ABC-Raster in theologischer Ausdrucksweise

A		B	C
Beliebig		Irrweg (breiter Weg, Mt 7,13) (*hamartia*)	
	Rechter Weg (schmaler Weg)	Versuchung Anfechtung > Worin besteht der Irrglaube (iB) in Bezug zu diesem A? = Lüge	Sünde Verderben
E		**D**	
Der Wille Gottes für mein Leben		Was sagt die Bibel? Was sagt Jesus? Was sagt der Heilige Geist? > Was glaube ich wirklich in Bezug zu diesem A? = Wahrheit	
		rB: Zuspruch, Ermutigung	

theologisches ABC

3.1.2. Heilung ohne Tiefenwirkung?

Für die Praxis der Kognitiven Seelsorge wenig relevant, aber nicht unwichtig für die Theorie, ist die Frage, ob man nicht bei bester seelischer Gesundheit trotzdem die übelsten Ziele verfolgen kann. Die Frage ist mit einem klaren „Jein" zu beantworten: Einerseits ja, andererseits nein. Es gibt sicher keinen Menschen, dessen gesamtes Repertoire emotionaler Reaktion durchweg gestört oder gesund wäre. Wenn sich eine Person zum Beispiel einer menschenverachtenden Ideologie verschrieben hat, wirkt sich das nur in Teilbereichen ihres Seelenlebens aus. In anderen Bereichen kann sie sich seelisch sehr gesund verhalten, so wie sie auch unter Störungen leiden kann, die von ihren ideologischen Werten ziemlich unabhängig sind. Die Ideologie muss in der Kognitiven Seelsorge gar nicht zur Sprache kommen, sofern sie mit dem Problemverhalten, das zur Behandlung ansteht, keinen unmittelbaren Zusammenhang bildet. Das ist so, weil sich jedes ABC auf ein konkretes Problem in einer konkreten Situation konzentriert. Andererseits sollten wir vernünftigerweise davon ausgehen, dass jedes menschenverachtende höchste Wertesystem Produkt eines verirrten Glaubens (iB) daran ist, was dem Einzelnen und der Welt, in der er sich befindet, wirklich gut tut. Wir erlauben uns die Behauptung, dass alle menschenverachtenden dogmatischen Mussforderungen Lügen sind. Sie geben vor, das höchste Gut zu sein und sind in Wirklichkeit das größte Übel. Wo immer darum in der Kognitiven Therapie und Seelsorge solche Pseudowerte erkennbaren Einfluss auf das Prob-

gesund und böse?

Ideologien

lem haben, das im gerade zu bearbeitenden ABC virulent ist, ist zu erwägen, ob sie nicht in die Disputation (D) einbezogen werden müssen. Gegebenenfalls kann das ideologische Wertesystem Gegenstand eines ABCs werden. Natürlich gilt umgekehrt ebenso, dass ein menschenfreundliches Gottes- und Weltbild sehr heilsame Wirkung auf seelische Störungen ausüben kann.

Verharmlosung? Mitunter wird eingewendet, man würde mit einer Therapie, die sich auf eingegrenzte Störungsbilder fokussiere, nur an der Oberfläche bleiben und die tiefe Grundproblematik des Betroffenen verharmlosend übergehen. Das trifft aber nur zu, wenn diese „tiefe Grundproblematik", womit normalerweise ein falscher religiöser oder ideologischer Glaube gemeint ist, tatsächlich auch Gegenstand der Beratung oder Behandlung ist. Das mag sein, aber es muss nicht sein. Zum Beispiel einem schwer phobie- oder zwangsgestörten Menschen entgegenzuhalten, sein eigentliches Problem sei der falsche Gottesglaube und ihm könne erst wahrhaft geholfen werden, wenn er sich zum richtigen Glauben bekehrt habe, ist genauso zynisch wie dasselbe Argument angesichts eines Beinbruchs oder einer Virusinfektion. Mit der Grundhaltung des Bamherzigen Samariters passt das nicht zusammen.

Literatur → **Literaturverweise**

Anderson, Neil T., *The Bondage Breaker: Overcoming Darkness and Resolving Spiritual Conflicts*, 2. Aufl. (Harvest House Publishers: Eugene, 1993)

Brunner, Emil, *Der Mensch im Widerspruch: Die christliche Lehre vom wahren und vom wirklichen Menschen*, 3. Aufl. (Zwingli: Zürich, 1941)

Grün, Anselm, *Einreden: Der Umgang mit den Gedanken* Münsterschwarzacher Kleinschriften, Bd. 19, 16., überarb. u. akt. Aufl. (Vier Türme: Münsterschwarzach, 2003)

Herbst, Michael, Charismatische Seelsorge, in: Seelsorge (2000) 3, 1, 5-9

Jäger, Eva Maria, *Glaube und seelische Gesundheit: Eine Untersuchung zur differentiellen Therapieindikation von Selbstinstruktionen bei depressiven Patienten*, Hochschulschriften aus dem Institut für Psychologie und Seelsorge der Theologischen Hochschule Friedensau, Bd. 4 (Freudenstadt,1997)

Steyne, Philip M., *Gods of Power: A Study of the Beliefs and Practices of Animists*, 4. Aufl. (Columbia, 1996)

Willberg, Hans-Arved, *Unwort Sünde: Betrachtungen zum Neuverständnis*, Lebenshilfen aus dem Institut für Seelsorgeausbildung (ISA), Bd. 1 (Books on Demand: Norderstedt, 2010)

Aufgaben 05

Bearbeitungszeit: 0,5 Credits = 15 Stunden Bitte senden Sie die Antworten an info@isa-institut.de. Geben Sie zu den Antworten die Ziffer der Aufgabenreihe oben im Balken und jeweils die Nummer der Frage an.

1. Was denken Sie selbst über die Verwendung von Begriffen wie „Teufel" und „Sünde" in Seelsorge, Beratung und Therapie? Formulieren und begründen Sie Ihre Sichtweise.

2. Wie beurteilen Sie Bindungen, Belastungen und Besessenheiten durch verborgene Sünde und okkulte Verstrickungen unter dem Blickwinkel Kognitiver Seelsorge?

3. Was verstehen Sie unter „Vergebung der Sünden" sowie Befreiung und Heilung durch den Heiligen Geist unter demselben Blickwinkel?

4. Setzen Sie sich mit dem Satz „Gott liebt den Sünder und hasst die Sünde" auseinander. Stimmen Sie ihm zu? Begründen Sie Ihre Ansicht theologisch.

5. Meditieren Sie Jes 9,1-6 unter seelsorgerischem Aspekt. Erarbeiten Sie sich exegetisch den Vers 3: Was bedeutet der „Stecken des Treibers"? Was ist mit dem „Tag Midians" gemeint? Was ergibt sich aus beidem für die Kognitive Seelsorge?

6. Experimentieren Sie mit dem „ABC-Raster in theologischer Ausdrucksweise" auf S. 43. Führen Sie ein ABC durch, für das Sie nur biblische Begriffe verwenden. Notieren Sie dasselbe ABC danach nur mit psychologischen Begriffen. Diskutieren Sie das Ergebnis.

3.2. Gesunder Glaube und Gottesbild

negatives Gottesbild

In der Kognitiven Seelsorge mit Christen stoßen wir häufig darauf, dass ein akutes Störungsproblem in unmittelbarem, ursächlichem Zusammenhang zu einem problematischen, negativen Gottesbild steht. Der iB, der ohnehin schon grundsätzlich als „göttliches" Diktat auftritt, kleidet sich in solchen Fällen in ein frommes Gewand. Solche ABCs machen sehr deutlich, dass nicht der christliche Glaube schlechthin die Seele gesund macht, sondern nur ein *gesunder* christlicher Glaube einen gesunden Einfluss auf die Seele hat.

Ellis' Provokation

Albert Ellis hat durch seine provokante öffentliche Behauptung im Jahr 1960, es gebe keinen Platz für das „Konzept der Sünde" in der Psychotherapie, einen Stein ins Rollen gebracht, der in den folgenden Jahrzehnten zu einer sehr intensiven Erforschung des Verhältnisses von psychischer Gesundheit und Krankheit zu religiösem Glauben führte. Offensichtlich sprach er ein sehr wichtiges Problem damit an. Um Ellis' Statement recht zu verstehen und es für die Kognitive Seelsorge fruchtbar zu machen, sind drei Informationen darüber zu bedenken:

Orval H. Mowrer

Erstens waren die Argumente, die Ellis vorbrachte, um seine Behauptungen zu begründen, keine rigiden Wahrheitsbehauptungen, sondern *Hypothesen*. Darum war er auch in der Lage, seine Ansicht im Lauf der Zeit aufgrund guter Gegenargumente zu modifizieren. Zweitens antwortete er mit seiner Behauptung explizit auf zuvor bei einem Symposium referierte Thesen seines Kollegen *Orval H. Mowrer* (1907-1982). Dieser war ein sehr einflussreicher Verhaltenstherapeut, der den christlichen Sündenbegriff in sein Therapiekonzept übernommen hatte. Ellis stimmte Mowrer zu, dass grundsätzlich jeder Mensch für seine ethischen Entscheidungen selbst verantwortlich ist. Aber er widersprach Mowrers Ansicht, dass es heilsam für einen Menschen sei, als Teil einer therapeutischen Gruppe dieser gegenüber tiefe Schande und Scham über sein Fehlverhalten zu empfinden, um dann erfahren zu dürfen, dennoch gnädig durch sie rehabilitiert zu werden. Kurz gesagt: Mowrer glaubte anscheinend, dass erniedrigende, selbstentblößende *Demütigung* vor anderen eine therapeutisch wertvolle Erfahrung sei und zog zur Begründung dafür den christlichen Sündenbegriff heran. Ellis for-

Blaming

mulierte dagegen einen Kerngedanken, der sich durch sein gesamtes religionskritisches Werk zieht: *„Blaming is the essence of virtually all emotional disturbance"*, zu Deutsch: „Schuldzuweisung (Anklage) ist das Wesen nahezu jeder emotionalen Störung". Dass Ellis dies mit Nachdruck betonte, ist leicht nachvollziehbar, wenn wir daran denken, dass er gerade erst die große Bedeutung der anklagenden Mussforderungen für die Entstehung seelischer Störungen entdeckt und therapeutisch aufbereitet hatte. Die Mussforderungen der *irrational Beliefs* sind tatsächlich nichts anderes als pures und gnadenloses „Blaming", und wer ihnen nicht gehorcht, gleich ob ich selbst, der Mitmensch oder das Schicksal, den verdammen sie.

Jay E. Adams

Welche Gefahr Ellis in Mowrers Sichtweise erblickte, mag noch etwas deutlicher durch den Hinweis auf Mowrers Schüler *Jay Adams* (*1929) werden. Adams ist einer der bekanntesten und einflussreichsten Systematiker der evangelikalen Seelsorge. Er hat sich zwar nur nolens volens zu Mowrer bekannt, weil er Psychotherapie in Bausch und Bogen ablehnt, aber er liegt doch mit seiner kompro-

misslos vorgetragenen Ansicht, nur ein explizites Sündenbekenntnis könne die wirkliche Heilung seelischer Störungen bewirken, auf einer sehr ähnlichen Linie. Während Mowrer dem erniedrigenden „Self-Blaming" die Gruppe zuwies, knüpfte Adams bei der traditionellen Beichtpraxis an und verortete das Blaming somit in der persönlichen Gottesbegegnung in Gegenwart des Seelsorgers: Nur wer explizit bekennt, dass er gesündigt hat, kann die Heilkraft der Gnade erfahren, und nur diese heilt seelische Schäden überhaupt. Das Bekenntnis des Verlorenen Sohnes ist bei Adams die notwendige Voraussetzung dafür, vom Vater gnädig aufgenommen zu werden.

Sündenbekenntnis

Drittens gilt es wahrzunehmen, gegen welche Art von Glaube sich Ellis' Kritik tatsächlich richtete. Schädigend oder zumindest problematisch für die seelische Gesundheit sah er jede Form von Religiosität an, die von folgenden Faktoren dominiert wird, die atheistischen Formen eingeschlossen:

schädigender Glaube

Kennzeichen	Auswirkungen
Verzicht der Eigeninteressen zugunsten äußerer Diktate	Druck und das Gefühl der Angst herrschen vor; Liebe als Einseitigkeit des Opferns
Übertriebener Perfektionismus	Angst vor Strafe bei Fehlverhalten
Zwanghafte Verpflichtung auf religiöse und ethische Regeln	Rigide Selbstverpflichtung auf „Befehle"; Angst und Depression, wenn man sie nicht kompromisslos einhält
Verkümmertes Interesse für nicht-religiöse Aspekte des Lebens	Eingeschränkter Horizont; wenig Teilnahme am kulturellen Leben
Feindselige Grundhaltung gegen Außenstehende und Abweichler	Isolierung von der „Welt"; Weltfremdheit
Verdammen und Bestrafen	Pauschalverurteilungen und Verteufelungen; Rechtfertigung von brutaler Strafe als Maßnahme gegen das Böse im Menschen; Drohen mit der Hölle
Extremer Konservativismus	Angst vor und Widerstand gegen sozialen Wandel
Starrer, absolutistischer Dogmatismus	Rigide, allumfassende Absolutheitsansprüche; Wissenssystem, das auf alles eine Antwort hat; Besserwisserei
Pseudowissenschaftlichkeit	Glaubenssätze gelten als Wissenssätze; keine wissenschaftliche Offenheit
Realitätsleugnung	Unbegründetes Festhalten an Illusionen gegen die faktische Wirklichkeit
Selbstakzeptanz nur unter Bedingungen	Selbstabwertung und Selbsthass bei Nichterfüllung der Bedingungen
Intoleranz	Verteufelung von Sichtweisen und ethischen Verhaltensweisen, die nicht in das eigene System passen; Dominanz von Vorurteilen
Unrealistische Abhängigkeit	Verzicht darauf, sich selbst zu helfen; Preisgabe des eigenen Willens und Fatalismus
Autoritätsergebenheit	Übermäßiger Gehorsam gegen (religiöse) Führungspersonen und Regeln
Vergötterung	Überzeichnung der Bedeutung von Leitfiguren und der Werke von „Glaubenshelden"
Grandiosität und Mystizismus	Verabsolutierung der eigenen Glaubensrichtung; Herauskehren übernatürlicher Erfahrungen bzw. esoterischer Erleuchtungen; Arroganz
Ritualismus	Festlegung auf die Einhaltung von Riten als Lebensnotwendigkeit

seelisch gesund

Die Faktoren *seelischer Gesundheit* sind nach Ellis im Gegensatz dazu Selbst-Interesse, Selbstbestimmung, soziales Interesse, Toleranz, Akzeptanz von Mehrdeutigkeit und Unsicherheit, Flexibilität, wissenschaftliches Denken, Engagement, Risikobereitschaft, Selbstakzeptanz und Akzeptanz anderer sowie Realismus.

Im Jahr 2000, als Ellis viel deutlicher als zuvor realisierte und thematisierte, dass religiöser Glaube auch gesund sein kann und was man sich darunter vorzustellen habe, stellte er in einem Zeitschriftenartikel nochmals, in etwas veränderter Terminologie und Schwerpunktsetzung, die Hauptmerkmale seelischer Gesundheit zusammen und ordnete ihnen zu, was sie für einen gesunden religiösen Glauben bedeuten:

gesunder Glaube

Seelisch gesund ist...	Bedeutung für religiös Glaubende
Selbstkontrolle und Veränderung	„Gott gab mir einen gewissen Spielraum freien Willens und die Fähigkeit, für mich selbst zu denken und mich selbst zu kontrollieren, und ich kann darum, mit Gottes Hilfe, diese Fähigkeit nutzen, um mich selbst zu disziplinieren. Gott hilft denen, die sich selbst helfen."
Bedingungslose Selbstakzeptanz	„Ich muss weder mir selbst noch meinem Wesen und Dasein eine pauschale Wertung geben. Mein Gott ist gnädig und wird mich immer als Sünder annehmen, mich aber auch dazu motivieren, hinzugehen und nicht mehr zu sündigen. Weil Gott den Sünder annimmt, nicht aber seine Sünden, kann ich mich auch selbst annehmen, egal, wie schlecht ich mich verhalten habe."
Bedingungslose Akzeptanz Anderer	In verschiedenen Religionen, besonders aber im Neuen Testament, finden sich viele Stellen, die eine „Gott-orientierte Philosophie der bedingungslosen Annahme der Andern unterstützen", z.B. Mt 19,19, Lk 6,27 und 6,36.
Hohe Frustrationstoleranz	„Ich kann ernste Enttäuschungen und Widrigkeiten aushalten; mögen muss ich sie deswegen aber keineswegs."
Angemessene Leistungsorientierung	„Ich bevorzuge einen guten Auftritt, der auch den Beifall wichtiger Mitmenschen erhält, aber ich muss mich nicht so verhalten, um damit zu beweisen, dass ich eine wertvolle Person bin."
Bedürfnis nach Bestätigung und Liebe	„Es ist sehr wünschenswert, von wichtigen Menschen bestätigt und geliebt zu werden und über gute soziale Fertigkeiten zu verfügen, aber wenn ich abgelehnt werde, kann ich mich trotzdem ganz selbst annehmen und ein angenehmes Leben führen."
Verantwortungsübernahme	„Es ist schwer, sich den Schwierigkeiten des Lebens zu stellen und damit zurechtzukommen, aber sie zu ignorieren und ihnen auszuweichen ist auf lange Sicht noch viel schwerer. In den sauren Apfel zu beißen und den Problemen des Lebens die Stirn zu bieten, wird normalerweise um so leichter und lohnender, je beständiger ich daran arbeite."
Mut zur Selbstbestimmung	„Ich bevorzuge es, einige fürsorgliche und vertrauenswürdige Menschen um mich zu haben, auf die ich mich verlassen kann, aber ich muss nicht davon abhängig sein und brauche niemand, der stärker ist als ich selbst, um mich auf ihn zu stützen."
Sinnvolle Vergangenheitsbewältigung	„Wie schlimm und hinderlich auch meine Vergangenheit war: ich kann meine früheren Gedanken, Gefühle und Verhaltensweisen heute ändern. Ich bin nicht verpflichtet, meine Vergangenheit zu wiederholen und zu reaktivieren."
Annahme der Gefahren des Lebens	„Ich kann eine besorgte und vorsichtige Haltung einnehmen, ohne mich zwanghafter Sorge hinzugeben, wenn ich meine Forderungen aufgebe, dass mein Leben unter allen Umständen absolut sicher sein muss."

Nicht-Perfektionismus	„Es mag von Vorteil sein, Perfektes zu leisten, aber ich bin weit davon entfernt, eine perfekte Person zu sein. Darum sollte ich besser versuchen, es gut zu machen, statt zu denken, es müsste perfekt sein. Wie wünschenswert Perfektion auch sein mag, notwendig ist sie nicht."
Annahme von Beunruhigung	„Meine beunruhigenden Gefühle sind ziemlich unangenehm, aber sie sind deswegen nicht (unerträglich) schrecklich. Wenn ich sie einfach nur als Schwierigkeiten betrachte statt als Horror, kann ich mit ihnen effektiver leben und erhöhe dadurch stark meine Chance, sie zu minimieren."

Diese Beschreibungen, sowohl die kritischen wie auch die positiven, sind sehr gut durch die seelsorgerliche und therapeutische Erfahrung abgedeckt. In Bezug auf den Glauben an Gott wird bei ihrer Betrachtung deutlich, welche entscheidende Rolle sowohl für den psychologisch problematischen wie für den gesundheitsfördernden Glauben das *Gottesbild* hat. Ersterer wird von der Angst bestimmt, Letzterer vom Vertrauen.

positives Gottesbild

Es sieht nicht so aus, als seien diese beiden Grundformen des Glaubens kompatibel. Hierfür finden sich auch viele Hinweise im Neuen Testament. Besonders deutlich wird die Absage an einen angstbestimmten Glauben durch die bemerkenswert klare Position unterstrichen, die Johannes in seinem ersten Brief zu dieser Frage bezieht: „Und wir haben erkannt und geglaubt die Liebe, die Gott zu uns hat. Gott ist die Liebe; und wer in der Liebe bleibt, der bleibt in Gott und Gott in ihm. [...] Furcht ist nicht in der Liebe, sondern die vollkommene Liebe treibt die Furcht aus; denn die Furcht rechnet mit Strafe. Wer sich aber fürchtet, der ist nicht vollkommen in der Liebe. Lasst uns lieben, denn er hat uns zuerst geliebt" (1Joh 4,16-19). Johannes sagt hier erstens, dass sich im christlichen Glauben alles in Ausschließlichkeit um die Liebe dreht, weil Gott selbst die Liebe ist, und zweitens, dass es nicht möglich ist, auf die Liebe fokussiert zu sein und gleichzeitig Strafe zu befürchten. Wir können somit nicht gleichzeitig auf ein liebevolles und ein bedrohliches Gottesbild ausgerichtet sein. Der Grund dafür liegt darin, dass wir als Menschen nicht zu echtem „Multitasking" fähig sind. Das bedeutet: Wir können uns nicht auf zwei Gegenstände gleichzeitig fokussieren.

Gott ist die Liebe

Am deutlichsten wird das an den sogennanten „Kippbildern". In Abbildung 11 nehmen Sie entweder eine helle Vase oder zwei dunkle Gesichter wahr. Sie können sich auf das eine oder das andere Bild konzentrieren, aber sie können unmöglich beide gleichzeitig im Blick haben.

Kippbilder

Glaube ist immer Anschauungssache: eine Frage der Blickweise oder, vielleicht noch genauer, der Blick*richtung*, somit also der Fokussierung von Wahrnehmung. Die eine Blickrichtung vor allem des Neuen Testaments, in die der befreiende Glaube an die Frohe Botschaft schaut, ist das für jeden Menschen vollkommen vertrauenswürdige absolut positive Bild vom „Vater der Barmherzigkeit und Gott allen Trostes" (2Kor 1,3). Es ist nicht möglich, dieses Gottesbild vor Augen zu haben und gleichzeitig Angst vor Gott zu haben. Der Angst-Gott und der Liebe-Gott sind nicht kompatibel. Abbildung 12 ist ebenfalls ein Kippbild: Entweder sehen Sie das Quadrat im Vor-

die Blickrichtung

Abbildung 11:
Vase oder Gesichter?

kein Raum für Angst

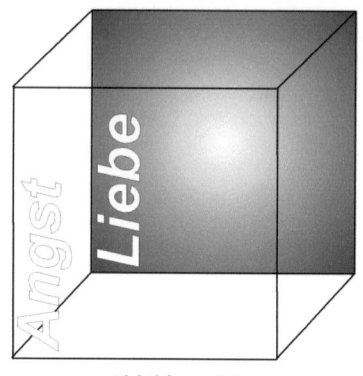

Abbildung 12:
Angst-Gott oder Liebe-Gott?

dergrund, auf dem „Liebe" steht, oder das Quadrat mit der Aufschrift „Angst". Die Fokussierung des *Angst-Gottes* ist die Hauptursache dafür, dass religiöser Glaube sich schädigend auf die Gesundheit auswirkt. Die Fokussierung des *Liebe-Gottes* ist letzter Grund aller echten heilsamen Wirkungen des Glaubens an Gott. Seit jeher haben sich Theologen bemüht, beides unter einen Hut zu bringen. Es geht nicht. Christlicher Glaube hat überhaupt nur Sinn, wenn er in der beständigen Übung beruht, sich ganz und gar auf den Liebe-Gott auszurichten.

Literatur → **Literaturverweise**

Zur Unterscheidung von gesundem und kranken Glauben

Antonovsky, Aaron, *Salutogenese: Zur Entmystifizierung der Gesundheit,* deutsche erweiterte Hg. v. A. Franke, aus d. Amerik. v. A. Franke u. N. Schulte, Forum für Verhaltenstherapie und psychosoziale Praxis, Bd. 36 (Deutsche Gesellschaft für Verhaltenstherapie: Tübingen, 1997)

Eckstein, Hans-Joachim, Ein gesunder, heilsamer Glaube, in: Psychotherapie und Seelsorge (2011) 1, 48ff

Koenig, Harold G. (Hg.), *Handbook of Religion and Mental Health* (Academic Press: San Diego, London, Boston, New York et al., 1998)

Matthews, A. Dale, *Glaube macht gesund - Spiritualität und Medizin,* (Herder: Freiburg, 2000)

Utsch, Michael, Spirituelle Psychotherapie: Modetrend oder Modell mit Zukunft? in: Psychologie heute (2008) 2, 52ff

Zijlstra, Wybe, *Handbuch zur Seelsorgeausbildung,* aus d. Niederländ. v. R. Miethner (Christian Kaiser: Gütersloh, 1993), 278ff

Zu Ellis' Religionskritik
[die Quellen zu den Tabellen usw. im Text]

Ellis, Albert, Can Rational Emotive Behavior Therapy (REBT) be effectively used with people who have devout beliefs in God and religion? in: Professional Psychology: Research and Practice (2000) 31, 29-33

Ellis, Albert, Do some religious beliefs help create emotional disturbance? in: Psychotherapy in Private Practice (1986) 4 (4), 101-106.

Ellis, Albert, *Is Objectivism a Religion?* (Lyle Stuart: New York, 1968)

Ellis, Albert, Is religiosity pathological? in: Free Inquiry (1988) 8, 27-32

Ellis, Albert, My response to 'Don't throw the therapeutic baby out with the holy water': Helpful and hurtful elements of religion, in: Journal of Psychology and Christianiy (1994) 13, 323-326

Ellis, Albert, Spiritual Goals and Spirited Values in Psychotherapy, in: Journal of Individual Psychology (2000) 56, 277-284

Ellis, Albert, The Case Against Religiosity, in: Ellis Albert, *The Case Against Religion: A Psychotherapist's View and the Case Against Religiosity,* Indroduction by John G. Murray (Austin: American Atheist Pr., 1984), 21-57

Ellis, Albert, There is no place for the concept of sin in psychotherapy, in: Journal of Counseling Psychology (1960) 7, 188-192.

Zu Mowrer und Adams

Adams, Jay E., *Befreiende Seelsorge*, aus d. Amerik. v. H.Burckhardt u. R. Heinzer, 4. Aufl. (Brunnen: Gießen, 1977)
Ard, B.N. (1967), Nothing's uglier than sin, in: Rational Living, (1967) 2 (1), 4-6
Paul, Gerhard, *Chancen und Grenzen nouthetischer Seelsorge: Eine Untersuchung der Seelsorgekonzeption von Jay E. Adams*, Hochschulschriften aus dem Institut für Psychologie und Seelsorge der Theologischen Hochschule Friedensau, Bd. 7 (Freudenstadt, 1999)
Holland, G.A. 1968. Deliverance from sin: Ellis vs. Mowrer, in: Rational Living (1968) 3, 20-23

Zum Gottesbild

Wehr, Gerhard (Hg.), *Nikolaus Cusanus*, Textauswahl u. Kommentar v. G. Wehr (marix: Wiesbaden, 2011)
Willberg, Hans-Arved, *Die seelsorgerliche Bedeutung des Buches Hiob: Biblisch-psychologische Auslegung*, Lehrbücher aus dem Institut für Seelsorgeausbildung (ISA), Bd. 3 (Books on Demand: Norderstedt, 2014)

Aufgaben 06

Bearbeitungszeit: 0,5 Credits = 15 Stunden Bitte senden Sie die Antworten an info@isa-institut.de. Geben Sie zu den Antworten die Ziffer der Aufgabenreihe oben im Balken und jeweils die Nummer der Frage an.

1. Was halten Sie von dem Gedanken, dass jeder Mensch ein Bild vom Liebe-Gott und ein Bild vom Angst-Gott in sich trägt, die sich miteinander im Widerstreit befinden? Begründen Sie Ihre Ansicht und ziehen Sie Schlüsse für die Seelsorge daraus.

2. Wie können ABCs von negativen Gottesbildern mit destruktiven Folgen aussehen? Sammeln Sie einige Beispiele, tragen Sie diese in ABC-Raster ein und diskutieren Sie den Befund.

3. Was halten Sie von der Meinung, Selbsterniedrigung sei die Voraussetzung des Empfangs von Gnade? Meditieren Sie unter diesem Aspekt 1Pt 5,5-9. Wie verstehen Sie dort die Aufforderung zur „Demütigung"? Fassen Sie den Ertrag Ihrer Überlegungen zusammen.

4. Überlegen Sie sich einige „Aber"-Einwände zu 1.Joh 4,16-19 nach dem Motto: „Ja, Gott ist die Liebe, aber...." Machen Sie eine Advocatus-Diaboli-Übung damit. Die Pro-Seite verteidigt die Behauptung, dass es für den christlichen Glauben kein „Aber" dazu gibt. Der Advocatus Diaboli behauptet vehement das Gegenteil. Reflektieren Sie die Erfahrung. Welche Schlüsse ziehen Sie daraus?

Inhaltsverzeichnis

Zum Gebrauch   3

1. Was ist kognitive Seelsorge?
Einführung und biblische Begründung   4
1.1. Definition und Geschichte   4
1.2. Biblische Begründung   6
1.2.1. Kernaussagen im Alten Testament   6
1.2.2. Kernaussagen im Neuen Testament   8
1.2.3. Das Problem der Willensfreiheit   9
Aufgaben 01   11

2. Einführung in die Rational-Emotive Verhaltenstherapie
Die ABC-Methode nach Albert Ellis   12
2.1. Albert Ellis   12
2.2. Emotion und Verhalten   13
2.2.1. Emotionen   13
2.2.2. Problemgefühle   15
Aufgaben 02   19

2.3. Das ABC-Schema   20
2.3.1. Überblick   20
2.3.2. Die Vorgehensweise   21

2.4. Der irrational Belief   22
2.4.1. Cold Cognition und Hot Cognition   22
2.4.2. Den Feind identifizieren   24
Aufgaben 03   28

2.5. Der Symptomstress   29
2.5.1. Der Stress mit dem Stress   29
2.5.2. Das Vorgehen bei Verdacht auf Symptomstress   30
2.6. Die Disputation   31
2.6.1. Sokratisches Fragen   31
2.6.2. Die Frage nach dem Worst Case   33
2.6.3. Die Formen der Disputation   34
2.6.4. Das hedonistische Kalkül   37
Aufgaben 04   40

3. Kognitive Seelsorge und Gottesbild
Gesunder und kranker Glaube   41
3.1. Die ABC-Methode in christlicher Terminologie   41
3.1.1. Der Teufel und die Sünde   41
3.1.2. Heilung ohne Tiefenwirkung?   43
Aufgaben 05   45

3.2. Gesunder Glaube und Gottesbild   46
Aufgaben 06   51